CULTURA E PODER

HISTÓRIA E NARRATIVA ENTRE TEXTOS E CONTEXTOS

CB010287

Editora Appris Ltda.
1.ª Edição - Copyright© 2024 dos autores
Direitos de Edição Reservados à Editora Appris Ltda.

Catalogação na Fonte
Elaborado por: Dayanne Leal Souza
Bibliotecária CRB 9/2162

C968c 2024	Cultura e poder: história e narrativa entre textos e contextos / Alberto Luiz Schneider e Carla Reis Longhi (orgs.). – 1. ed. – Curitiba: Appris, 2024. 203 p. : il. ; 23 cm. – (Geral). Vários autores. Inclui referências. ISBN 978-65-250-6885-5 1. História. 2. Cultura. 3. Poder. I. Schneider, Alberto Luiz (org.). II. Longhi, Carla Reis (org.). III. Título. IV. Série. CDD – 306

Livro de acordo com a normalização técnica da ABNT

Appris
editora

Editora e Livraria Appris Ltda.
Av. Manoel Ribas, 2265 – Mercês
Curitiba/PR – CEP: 80810-002
Tel. (41) 3156 - 4731
www.editoraappris.com.br

Printed in Brazil
Impresso no Brasil

Alberto Luiz Schneider
Carla Reis Longhi
(orgs.)

CULTURA E PODER

HISTÓRIA E NARRATIVA ENTRE TEXTOS E CONTEXTOS

Appris *editora*

Curitiba, PR
2024

"A incompreensão do presente nasce fatalmente da ignorância do passado. Mas talvez não seja menos vão esgotar-se em compreender o passado se nada se sabe do presente."

Apologia da História ou o ofício do historiador.
Marc Bloch

AGRADECIMENTOS

Os organizadores agradecem sinceramente aos autores deste volume, que nos confiaram suas pesquisas, ao Programa de Pós-Graduação em História da PUC-SP, onde todas essas pesquisas foram gestadas e desenvolvidas; e, principalmente, às agências públicas de financiamento, Capes e CNPq, pelo Programa de Desenvolvimento da Pós-Graduação (PPDG) Emergencial de Consolidação Estratégica dos Programas de Pós Graduação, sem as quais não haveria pesquisa em escala nacional.

SUMÁRIO

APRESENTAÇÃO

Este livro é composto por textos de docentes, alunos, egressos e pesquisadores filiados aos grupos de pesquisa do Programa de Pós-Graduação em História da PUC-SP, especialmente vinculados à linha de pesquisa Cultura e Poder, título que dá nome ao livro ora apresentado. Nessa linha de pesquisa, o poder articulado à cultura é entendido em sua amplitude, abarcando a pluralidade de experiências de dominação, resistência e governabilidade, em espaços públicos e privados.

A reflexão sobre o poder permite o diálogo com distintas perspectivas historiográficas e, logo, com diferentes escalas e chaves analíticas, viabilizando abordagens a partir de eixos como nação, Estado e relações institucionais, bem como deslocamentos analíticos sobre o exercício do poder considerando eixos como classe, comunidades ou grupos sociais. Em seu diálogo com a cultura, alarga ainda mais suas dimensões, possibilitando análises que transitem entre os grandes eixos analíticos e os micropoderes.

Nesse percurso, refletir sobre cultura e poder permite considerá-los em sua tangibilidade, abarcando desde estruturas institucionais (instituição, leis e normas); índices econômicos e produtivos; discursos, simbologias, saberes e patrimônios, como também em suas expressões intangíveis como memórias e sentimentos. A riqueza e amplitude que a linha de pesquisa comporta expressam a diversidade temática presente nos diferentes capítulos ora apresentados.

O primeiro capítulo, intitulado "Dizer o Não Dito: táticas e subterfúgios na expressão da vida e obra de Santa Teresa de Ávila", é assinado pela pesquisadora doutoranda e mestre em História pela PUC-SP, Joyce de Freitas Ramos, em coautoria com o professor Dr. Amilcar Torrão Filho, coordenador do Programa de Pós-Graduação em História da PUC-SP (2023-2025). Nesse trabalho os autores percorrem a trajetória e a obra de Teresa Sánchez de Cepeda y Ahumada, posteriormente Santa Tereza de Ávila (1515-1582), com o objetivo de compreender como se deu a produção e rápida aceitação de sua obra intelectual — marcadamente influenciada pela *Teologia Mística* — em um contexto profundamente vincado pelo controle ideológico da contrarreforma espanhola.

Para explicar esse aparente paradoxo, os autores iniciam sua análise avaliando as estruturas de poder no catolicismo espanhol em meio às disputas com o protestantismo pelo controle da autoridade da fé cristã.

De princípio, destaca-se a influência da difusão do humanismo renascentista italiano na Espanha antes do Concílio de Trento (1545-1563), e como as ideias desse movimento ajudaram a constituir a literatura como uma fonte importante para o conhecimento teológico àqueles capazes de ler e ter acesso aos textos. Nesse contexto, Ramos e Torrão Filho chamam atenção para a importância do êxito de livros de expoentes da *devotio moderna*, como os de Francisco de Osuna, por exemplo, cujos trabalhos baseavam-se na *Teologia Mística*, revelando um esforço de adaptação da Igreja Católica frente às mudanças propostas pelo protestantismo.

Nascida em 1515, em Ávila, próximo a Madri, em Castela, a futura Santa Teresa foi influenciada pela leitura dessas obras. Ao reconstituir o perfil biográfico e a trajetória intelectual dessa personagem, os autores apontam para a importância de se evitar anacronismos ao analisar a ação da inquisição na Europa, lembrando que esta deve ser nuançada não só em relação ao tempo, mas também no espaço. No caso específico de Teresa de Ávila, significa entender que a inquisição em Castela da segunda metade do século XVI esforçou-se mais em proibir a circulação das obras do que na perseguição de indivíduos. Essa ação censória, por sua vez, acabou por levar muitos dos autores daquele período a adotarem estratégias e retóricas em seus textos buscando evitar a proibição da circulação destes pela inquisição. Desse modo, Ramos e Torrão Filho passam a percorrer a obra de Teresa de Ávila identificando algumas das táticas e subterfúgios empregados por ela e que tornaram possível o sucesso de sua obra ao ponto de livrá-la do censo da inquisição e, mais do que isso, torná-la a primeira Doutora da Igreja Católica em 1970.

O segundo capítulo é assinado pela professora livre-docente da PUC-SP, Dra. Maria Izilda Santos de Matos, em coautoria com a professora Dra. Thais Teixeira Brambilla. Intitulado "Hospital Matarazzo: história, associativismo, memória e patrimônio", esse trabalho propõe uma reflexão acerca da memória da imigração italiana na cidade de São Paulo, centrando o foco de suas análises na trajetória do Hospital Matarazzo, tombado em 1986 pelo Condephaat (Conselho de Defesa do Patrimônio Histórico, Arqueológico, Artístico e Turístico do Estado de SP), mas transformado em um empreendimento de alto luxo, Cidade Matarazzo, inaugurado em 2022.

Para tanto, as autoras reconstituem o percurso do hospital desde a sua criação em 1885, ligada à Sociedade Italiana de Beneficência de São Paulo (SIBSP), passando por seu desenvolvimento, com a ampliação do conjunto arquitetônico e tombamento histórico em 1986, até desembocar na crise que levou ao seu fechamento definitivo em 1993 e a aquisição pelo grupo Allard já no século XXI. Ao realizar esse percurso Matos e Brambilla abordam temas que vão desde a constituição das associações beneficentes italianas em São Paulo, passando pela preservação da memória da imigração italiana através de equipamentos arquitetônicos da cidade até chegarem à conflituosa relação entre os interesses do capital imobiliário e a preservação do patrimônio público. Nesse caso específico do Hospital Matarazzo, o trabalho dá a ver claramente o campo de disputas entre a preservação da memória e a ressignificação do patrimônio por um processo de gentrificação do espaço urbano de São Paulo.

O terceiro capítulo foi escrito pelo mestre em História pela PUC-SP Gabriel Kenzo Soeda, em coautoria com o professor Dr. Alberto Luiz Schneider, vice-coordenador do Programa de Pós-Graduação em História da PUC-SP (2023-2025). Com o título "O cerne da nacionalidade: Euclides da Cunha e a construção narrativa de Canudos (1897-1902)", os autores analisaram a construção narrativa de *Os sertões*, obra mais célebre de Euclides da Cunha, a fim de propor uma reflexão acerca da condição dos *Canudenses* enquanto *cerne da nacionalidade* brasileira. Para tanto, Soeda e Schneider recorrem a textos produzidos por Euclides no ano da guerra de 1897, tais como artigos publicados no jornal *O Estado de S. Paulo*, reportagens e telegramas compilados no livro *Diário da expedição*, preparados pelo autor durante sua viagem a Canudos, além do próprio livro *Os sertões*, publicado originalmente em 1902, sobretudo sua nota introdutória.

Trata-se, portanto, de um aprofundamento crítico que busca, antes de tudo, problematizar uma percepção mais "positiva" de *Os sertões* como um testemunho das vítimas massacradas pelo governo republicano. Ao esmiuçarem os significados de *sertanejo* e *jagunço*, atribuídos por Euclides da Cunha aos canudenses cinco anos antes da escrita de sua obra-prima, Soeda e Schneider levantam questionamentos fundamentais para a interpretação da nacionalidade brasileira na obra euclidiana, em especial o significado dessa nacionalidade na obra do autor, a função do *cerne da nacionalidade* e o papel social do povo de Canudos.

Assim, na contramão da ideia de testemunho do modo de vida sertanejo, os autores propõem uma reflexão sobre *Os sertões* que parte da investigação das relações de poderes entremeadas à Guerra de Canudos. Seu propósito, com isso, é compreender melhor a forma como Euclides da

Cunha encarava essas questões e, mais que isso, revelar como ele acabou por reforçar sentidos distintos aos canudenses, muito mais complexos e cheios de contradições, os quais precisam ser retomados pela historiografia.

O quarto capítulo, intitulado "Ritmos, pontos e contrapontos: Mário de Andrade e 'O Samba Rural Paulista'", é assinado pela pesquisadora mestranda Samara Chiaperini de Lima e pelo professor, especializado em História, Sociedade e Cultura pela PUC-SP, Dr. Breno Ampáro. Provocados pelo reconhecimento do *Samba de Bumbo Paulista* como Patrimônio Cultural do Brasil pelo Instituto do Patrimônio Histórico e Artístico Nacional (Iphan), esse trabalho buscou estudar a atuação etnográfica do escritor modernista Mário de Andrade em torno das músicas produzidas no interior do estado de São Paulo, com destaque para os sambas. O foco nesse escritor em específico deve-se, sobretudo, em razão do dossiê produzido como parte do processo para o reconhecimento se apoiar fundamentalmente sobre o trabalho de Mário de Andrade.

Para tanto, Chiaperini e Ampáro tomam como principal fonte da pesquisa o texto "O Samba Rural Paulista", publicado pelo autor na *Revista do Arquivo Municipal* em 1937. A proposta dos autores foi a de questionar aspectos do trabalho etnográfico levado adiante por Mário de Andrade a fim de situar a sua contribuição no âmbito da cultura e da música, relacionando-a com as questões históricas do período em que atuou. Nesse sentido, ganham força, especialmente, as questões relacionadas ao patrimônio cultural brasileiro, bem como aos métodos de coleta e registro do material folclórico em linha com o seu projeto de formação de uma cultura nacional.

Como resultado dessa pesquisa os autores observam que, se por um lado foi possível verificar a importância de Mário de Andrade para a patrimonialização da cultura imaterial e o registro do *Samba de Bumbo Paulista*, por outro, concluíram que aspectos importantes dessa manifestação foram muito pouco tematizados por ele, tais como os sentidos de resistência, o sincretismo religioso e o próprio cativeiro dos escravizados.

O quinto capítulo, intitulado "Opinião e Golpe: a pesquisa de opinião Ibope no período pré-golpe de 1964", é assinado pelo professor mestre Vitor Arzani Martins conjuntamente com a professora do curso de História e do Programa de Estudos Pós-Graduados em História da PUC-SP, Dra. Olga Brites. Nesse trabalho os autores elegem como tema de sua investigação as pesquisas de opinião realizadas pelo Instituto

Brasileiro de Opinião Pública e Estatística (Ibope) sobre a popularidade do então presidente João Goulart no período que antecedeu o golpe de Estado de 1964. Para tanto, Martins e Brites propõem analisar como essas pesquisas de opinião foram elaboradas, especialmente suas questões e comentários, buscando discutir a utilidade desses instrumentos para a formação de uma *intelligentsia* dentro do Instituto de Pesquisa e Estudos Sociais (Ipes), a qual denominaram de "elite orgânica", tal como definida por René Armand Dreifuss.

Para analisar as pesquisas Ibope e sua relação com a imprensa e as elites orgânicas do Ipes, os autores recorreram ao material produzido pelo instituto entre os anos de 1962 e 1964, disponíveis no fundo Ibope do *Arquivo Digital Edgard Leuenroth* da Universidade Estadual de Campinas (Unicamp/SP). Dados os limites formais impostos por esse meio de divulgação, os autores concentraram seu foco em esmiuçar a elaboração dos questionários das pesquisas, bem como algumas questões específicas em torno da divulgação dos resultados. Como resultado, Martins e Brites argumentam a ocorrência de múltiplas influências entre o Ibope e essa elite orgânica do Ipes, contribuindo, dessa forma, para uma melhor compreensão desse período de exceção no Brasil ao demonstrar como uma pesquisa de opinião foi capaz de instrumentalizar um golpe de Estado em 1964. Como explicam os autores, esse não se trata de um mero exercício de apreciação do passado, mas uma busca por compreender como estruturas semelhantes ainda servem aos interesses da elite capitalista do país, contribuindo para fomentar novos golpes.

O sexto capítulo, intitulado "Cultura e poder na Amazônia: empresários e militares no genocídio indígena da ditadura brasileira (1964-1988)", é assinado pelo professor de Economia da Universidade Federal do Pará Dr. Gilberto de Souza Marques, que o escreveu em coautoria com o professor de História na Cogeae (PUC-SP) Dr. Rodolfo Costa Machado, que também é coordenador do Núcleo de Estudos de História: Trabalho, Ideologia e Poder (Nehtipo). Nesse trabalho os autores investigam o nexo empresarial-militar responsável por cometer diversas violações de direitos humanos dos povos indígenas do Brasil, em especial os da Amazônia, durante o período da ditadura brasileira (1964-1984). Para tanto, Marques e Machado recorreram à revisão de uma bibliografia já considerada clássica, bem como aos trabalhos mais recentes da literatura pertinente a essa temática. No que diz respeito às fontes, foram investigados o relatório da Comissão Nacional da Verdade (CNV), informes de grupos de pesquisa especializados, fontes primárias da ditadura depositadas no Arquivo Nacional, além dos próprios testemunhos das populações indígenas afetadas.

Esse capítulo buscou destacar como os megaprojetos de infraestrutura lançados pelo Programa de Integração Nacional (PIN) da ditadura, tais como as rodovias Transamazônica/BR-230, Manaus-Boa Vista/BR-174 e Perimetral Norte/BR-210, fizeram-se acompanhar por um racismo etnocêntrico entusiasta da "colonização", "desenvolvimento" e "modernização" de uma suposta "terra sem homens". Destrincha-se como essa concepção do "vazio demográfico", coerente com a ideologia oficial de Segurança Nacional e Desenvolvimento da ditadura, ao desumanizar a Amazônia de seus habitantes reais, serviu como ato preparatório ao etno-genocídio indígena, perpetrado por militares e seus cúmplices econômicos. Sob um indigenismo de Estado anti-indígena, a serviço do poder empresarial-militar hegemônico, particularizam-se as articulações político-econômicas violadoras dos direitos, culturas e modos de vida dos povos indígenas atingidos pela BR-230 (com ênfase nos tupi-Kagwahiva Tenharim e Jiahui), pela BR-174 (os Waimiri-Atroari) e pela BR-210 (os Yanomami).

O sétimo e último capítulo, intitulado "Revista *Chiclete com Banana*: expressões da contracultura e embates político-culturais na redemocratização brasileira", é de autoria da professora do Programa de Estudos Pós-Graduados em História da PUC-SP e diretora da Faculdade de Ciências Sociais (2021-2025) doutora Carla Reis Longhi, em coautoria com o professor de História e Relações Internacionais doutor Iberê Moreno Rosário e Barros. Nesse trabalho, os autores tomam como objeto de estudo a primeira edição da revista *Chiclete com Banana*, que circulou bimestralmente entre os anos de 1985 e 1990, para propor uma reflexão acerca das relações de poder no âmbito cultural em um período marcado politicamente pelo processo de redemocratização do Brasil.

Tomando como referenciais postulados teóricos como o de Michel de Certeau e sua proposição de *cotidiano*, e de Roger Chartier sobre a leitura do texto, a investigação conduziu os autores por uma análise do projeto editorial do periódico a partir de sua linguagem própria e construção de sentidos, de modo a vislumbrar alguns aspectos das mudanças e permanências políticas brasileiras representadas e construídas ao longo dos anos pela revista. Nessa análise também merece destaque a atenção dada pelos autores aos paradoxos da própria editoria da revista que se identificava, simultaneamente, como um dos espaços da contracultura e oposição na disputa hegemônica brasileira, mas, ainda, como um campo de humor descomprometido e despolitizado.

Por fim, Longhi e Barros demonstram que o estudo aprofundado dessa revista revelou por que ela pode ser compreendida como um ponto de encontro marcante da contracultura da década de 1980 a partir de uma perspectiva bem própria da cultura urbana da cidade de São Paulo. Nesse sentido, mostram como a *Chiclete com Banana* expressava características da contracultura daquele período, permeada pela crítica ácida e direta e/ou debochada e descomprometida tanto às práticas e lógicas do regime ditatorial quanto às escolhas políticas que grupos da esquerda vinham fazendo na redemocratização. Trata-se, portanto, de identificar na revista um fio condutor dos debates nacionais, ainda que sob uma perspectiva paulistana, que superou uma compreensão ainda bastante comum do processo de redemocratização naquele momento como positivo, complexificando a compreensão daquele contexto ao apontar muitas permanências em lugar das rupturas que eram tão ansiadas por parte da população brasileira.

CAPÍTULO 1

DIZER O NÃO DITO: TÁTICAS NARRATIVAS NA PRODUÇÃO TEXTUAL DE SANTA TERESA DE ÁVILA

Joyce de Freitas Ramos
Amilcar Torrão Filho

Para quem está familiarizado com a história do cristianismo na Idade Moderna da Europa ocidental, práticas espirituais como o contato pessoal do indivíduo com Deus, da busca do divino através da aproximação com as escrituras, da oração mental e afetiva, pautada no estado emocional de cada fiel, parecem descrever, de forma bastante contundente, a corrente protestante. Entretanto, esses são os elementos primordiais da chamada Teologia Mística, que se viu embrenhada no fazer e no pensar de respeitados expoentes da produção religiosa dentro da Igreja Católica, entre eles, Santa Teresa de Ávila (1515-1582).

Como era possível que tais ideias florescessem em um ambiente tão comumente associado ao radicalismo da contrarreforma católica como a Espanha do século XVI? E como uma mulher, mesmo uma religiosa, uma monja, teria conseguido navegar por esse ambiente, promulgando tais postulados sem que seus escritos tenham sido condenados como heréticos pelo muito ativo tribunal inquisitorial da época? E, ainda mais, como tal mulher foi beatificada e canonizada tão rapidamente, tendo se tornado a primeira Doutora da Igreja Católica e uma respeitada especialista em Teologia pela Igreja? A resposta encontra-se, majoritariamente, na própria natureza de sua produção textual e de suas vivências.

A vida de Santa Teresa é permeada por caminhos que a levam a navegar por uma série de determinações, imposições e limitações. Entretanto, é em meio a essas formulações de poder preestabelecidas que a vemos reformar uma Ordem religiosa, fundar mais de uma dezena de conventos por todo o território de Castela e produzir uma vasta obra textual, que comporta desde uma extensa autobiografia a comentários dos evangelhos, manuais de fundação e visitação de conventos, obras de caráter teológico e poesias. Como teria sido possível tal produção em pleno cenário espanhol da Idade Moderna?

Em primeiro lugar, é necessário avaliar o que seriam as estruturas de poder do catolicismo nessa Espanha teresiana, bem como as especificidades do momento de embate pelo controle das premissas da fé cristã entre essa Igreja e o nascente protestantismo. Para alguns autores, como Javier García Gibert (2010) e Mercedes García-Arenal (2008), existe uma concepção um pouco generalista sobre a severidade da reação católica na Espanha, bem como sobre a ação efetiva do tribunal inquisitorial.

> [...] a visão da Espanha moderna que ficou quase solidificada desde a própria historiografia do XVI, e logo através da visão nacionalista e católica ou de sua contraposição, a historiografia liberal [...] que apresenta, na realidade, a mesma imagem só que em caráter negativo, é a de uma homogênea e monolítica campeã do catolicismo em sua versão contrarreformista, encabeçada por sua triunfante monarquia e pelo seu Santo Ofício (García-Arenal, 2008, p. 2).[1]

O crescimento e adesão ao protestantismo abalaram as bases do catolicismo, o que levou a uma reposta, por vezes bastante dura, às demandas e acusações feitas pela nova vertente. Ainda assim, se fez necessário, também, certa reformulação de doutrina, já que a tendência espiritual do momento era a busca pela individualização do acesso ao divino, algo que já vinha se fazendo presente no próprio catolicismo.

Antes do Concílio de Trento (1545-1563), que se constituiu como a tentativa da Igreja de reestabelecer as fronteiras de suas doutrinas frente ao avanço do protestantismo, o território espanhol, como parte da onda mediterrânea, vinha sofrendo a influência do humanismo renascentista italiano e o havia transformado em um movimento com características próprias.

> [...] a "mentalidade" característica deste período — seu espírito pedagógico e missionário, os métodos emocionais e imaginativos de persuasão, seu aval simultâneo dos recursos de vontade e de meditação sobre a vanitas humana e sobre

---

[1] "[...] la visión de la España moderna que ha quedado casi solidificada desde la propia historiografía del XVI, y luego a través de la visión nacionalista y católica o de su contrapuesta, la historiografía liberal [...] que presenta en realidad la misma imagen sólo que en negativo, es de una homogénea y monolítica campeona del catolicismo en su versión contrarreformista, encabezada por su triunfante monarquía y por su Santo Oficio" (tradução própria).

> a morte e, definitivamente, seu indubitável alento reforma-
> dor [...] estavam já na Espanha antes mesmo do Concílio,
> antecipado modelarmente pelo fundador dos jesuítas [...]
> O certo é que, uma vez chegada a Contrarreforma, a litera-
> tura surgida dessa mentalidade, tão religiosa, não mudou
> necessariamente a visão renascentista, já muito arraigada
> (na Espanha), nem sequer no terreno [...] da ascética (García
> Gibert, 2010, p. 94).[2]

Portanto, existe uma ideia presente entre aqueles que se voltam aos estudos do território espanhol do século XVI de que ali havia uma profusão artística e literária proeminente e prolífica. Afinal, tal humanização do contato com Deus fazia com que a literatura se constituísse como fonte importante de conhecimento teológico que poderia ser adquirido de forma individual por aqueles que fossem capazes de ler e ter acesso a esses textos.

Dentro dessa lógica, fazem especial sucesso os livros voltados ao caminho espiritual, principalmente dos expoentes da *devotio moderna*, que tinham a chamada Teologia Mística como base: Frei Luis de Granada (1504-1588), Francisco de Osuna (1497-1541) e Bernardino de Laredo (1482-1540). A época era, sem dúvida, dotada de um frenesi religioso bastante particular, que encontrou, na Espanha, um espaço amplo de difusão, especialmente após as reformas religiosas do Cardeal Francisco de Cisneros (1436-1517).[3]

> Essa reforma foi, ao mesmo tempo, alimentada pela busca
> religiosa de Deus e a alimentou. O vetor dessa busca se dá
> em direção à interioridade [...] Derivados dessa busca de
> interioridade, encontramos o cultivo da oração mental e
> o forte impulso às altas esferas da vida mística. Essa ten-
> são em direção à interioridade é característica não apenas
> espanhola, mas europeia do princípio do século XVI, que se
> cristalizará também em Lutero e Erasmo (Pedrosa-Pádua,
> 2015, p. 32-33).

---

[2] "[...] la 'mentalidad' característica de este período — su espíritu pedagógico y misionero, los métodos emocionales e imaginativos de persuasión, su afianzamiento simultáneo de los recursos de la voluntad y de la meditación en la *vanitas* y en la muerte y, en definitiva, su indudable aliento reformador y su no menos beligerante ortodoxia católica — estaban ya en España antes del Concilio mismo, anticipados modélicamente por el fundador de los jesuitas [...] Lo cierto es que, una vez llegada la Contrarreforma, la literatura surgida de esa mentalidad, tan religiosa, no desplazó necesariamente a la visión renacentista, ya muy arraigada (en España), ni siquiera en el terreno bronco de la ascética" (tradução própria).

[3] "Franciscano, confessor da rainha Isabel, Cardeal Arcebispo de Toledo desde 1495, Primaz da Espanha e Supremo Inquisidor, regente do Reino a partir de 1516 e fundador da Universidade de Alcalá" (Pedrosa-Pádua, 2015, p. 32).

A Teologia Mística advém da ideia helenística de algo que seria secreto; que necessitaria de ritos iniciáticos para ser acessado. Assim, esse é o tipo de experiência religiosa que dá maior importância às relações subjetivas, emocionais e afetivas em comparação à abordagem intelectual e racional. Tal relação acabaria por apresentar um contato mais facilitado entre os seres humanos e a divindade, pois o acesso às produções e ao pensamento teológico, anteriormente, estaria limitado apenas a um grupo bastante pequeno de homens da Igreja.

Entretanto, a *devotio moderna* não pode ser considerada como um movimento completamente democrático, já que demandava uma capacidade de acesso bastante particular. É por conta dessa ideia de iniciação aos mistérios que a literatura se faz tão importante para uma vertente teológica que, teoricamente, seria avessa à racionalização. A produção textual teria, aqui, o objetivo de introduzir as premissas necessárias a quem fosse seguir o "caminho místico". Era, portanto, um movimento que também acabaria por excluir os iletrados e aqueles que não tivessem acesso a tais produções.

> A literatura mística resulta, em primeiro lugar, de uma topografia. Na Europa Moderna, ela tem seus lugares: as regiões, as classes sociais, os agrupamentos específicos, as formas de trabalho; mais ainda, ela privilegia maneiras concretas de se relacionar com o dinheiro (mendicância, bens comunitários, comércio etc.), com a sexualidade (celibato, viuvez etc.) e com o poder (alianças com benfeitores, responsabilidades eclesiásticas, pertencimentos familiares e políticos etc.) (Certeau, 1982, p. 36-37).[4]

Em meio ao frenesi associado à produção teológica, é promulgado o *Index* de Valdés, em 1559, que vem para colocar proibições nos livros espirituais que proliferavam até o momento, especialmente no território espanhol, e marcar o fim das reformas de Cisneros. Tal listagem de livros proibidos já se enquadra diretamente no momento do Concílio de Trento e demonstra um desgosto particular por obras teológicas escritas por leigos. O *Index* se constituiria como uma representação forte dos motivos pelos quais a Espanha ficaria conhecida como o braço forte do tribunal inquisitorial do Santo Ofício.

---

[4] "La littérature mystique ressortit d'abord à une topographie. Dans l'Europe moderne, elle a ses lieux : des régions, des catégories sociales, des types de groupe, des formes de travail ; plus encore, elle privilégie des modes concrets de rapports à l'argent (mendicité, biens-fonds communautaires, commerce, etc.), à la sexualité (célibat, veuvage, etc.) et au pouvoir (allégeances à des bienfaiteurs, responsabilités ecclésiastiques, appartenances familiales et politiques, etc.)" (tradução própria).

É interessante pensar que, mesmo com tantas características em comum com o postulado protestante, essa *devotio moderna* acabaria por ser assimilada, de certa forma, dentro do catolicismo, ainda que com ressalvas. Podemos dizer que o estampido individualizante do humanismo renascentista era incontrolável e inevitável e era preciso que a Igreja Católica se adaptasse a ele de sua própria maneira, ou se tornaria obsoleta perante os fiéis que buscavam, cada vez mais, formas facilitadoras de contato pessoal com Deus.

O senso comum, mesmo entre os historiadores, sobre a ação da inquisição é a ideia do fanatismo, da intolerância e da violência. O já citado filólogo e estudioso do humanismo García Gibert, porém, chama a atenção para um novo olhar em relação a essa ação inquisitorial mais radical. Segundo ele, é preciso lembrar que tal ação possuía uma série de nuances, não só determinadas por cada caso, como também moldadas aos próprios territórios. É preciso encontrar um equilíbrio, segundo ele, que não desconsidere os horrores e as violências perpetrados pelos tribunais do Santo Ofício, mas que também não generalize sua ação como sempre violenta e intransigente, já que a própria Santa Teresa pode se constituir como um exemplo dessa maleabilidade, como veremos.

De acordo com Gibert, no momento da Castela teresiana, a inquisição estaria mais voltada para a condenação de obras do que de indivíduos, sendo o *Index* de Valdés um bom exemplo dessa ação. Obviamente, tal repressão tenta tolher a produção literária do período, que experimentava um momento, até então, de ampla profusão. Entretanto, como fica nítido no caso teresiano, ela não é bem-sucedida em limitar tais produções.

> [...] a repressão se centrava muito mais em questões dogmáticas do que de moral pragmática [...] a Inquisição, em honra a verdade, nunca operou *ad hominem*, mas *ad rem*, ou seja, não perseguiu nem estigmatizou o homem, mas as coisas por ele escritas ou ditas. E o mesmo fez, em seu conjunto, a sociedade espanhola (García-Gibert, 2010, p. 97-98).[5]

Com tão forte foco na produção literária, era necessário que os autores que decidissem se aventurar na temática religiosa-espiritual construíssem seus textos com cuidado. Esse procedimento configurava uma ação de

---

[5] "[...] la represión se centraba mucho más en cuestiones dogmáticas que de moral pragmática [...] lo peligroso, por poner un caso, no era cometer pecados de fornicación, sino afirmar que la simple fornicación no es un pecado [...] la Inquisición, en honor a la verdad, nunca operó *ad hominem*, sino *as rem*, es decir, no persiguió ni estigmatizó al hombre, sino a las cosas por él escritas o dichas. Y lo mismo hizo en su conjunto la sociedad española" (tradução própria).

censura e autocensura prévias que demonstra muito do poder de controle inquisitorial, que não era explícito, mas que permeava os imaginários e as ações daqueles que a ele estavam submetidos. A autora Rosa Rossi (1997), em sua biografia de Santa Teresa, resume de maneira bastante contundente as formas pelas quais tal fantasma do escrutínio assombrava o processo da escrita teresiana: "Escrevia com cuidado, com tensão, meditando muito sobre as palavras que utilizava, sempre em busca das palavras justas e sempre sabendo que palavras justas não existiam" (Rossi, 1997, p. 234).[6]

Se levarmos em consideração a discussão apresentada por Jack Goody (2011) de que uma das marcas do Renascimento seria a crescente secularização de suas obras, é possível indagar que a perseguição inquisitorial poderia diminuir em igual proporção. Entretanto, também é possível que tal secularização tenha justamente ampliado a perseguição das obras. Afinal, esse movimento também significava que uma maior quantidade de leigos estaria se aventurando, também, a escrever sobre religião e Teologia, o que acabava por promover um escrutínio mais severo por parte dos órgãos de controle da Igreja Católica.

> A classificação de uma obra possuía o poder não apenas de retirá-la de circulação, como, também, de marcar seu autor para sempre, mesmo que algumas vezes a condenação não tivesse a severidade de um verdadeiro auto de fé. Portanto, a perseguição cultural acabava, inevitavelmente, por tornar-se pessoal, tendo em vista que o produtor e o produto não podem ser completamente separados e desassociados como instâncias separadas e autônomas (Ramos, 2017, p. 29).

Em tal cenário de disputas de poder sobre a autoridade religiosa e de necessidades de permear os textos com subtextos, vemos navegar essa Teresa Sánchez de Cepeda y Ahumada. Nascida em Ávila, em 1515, a futura santa e Doutora da Igreja Católica terá que se confrontar com as limitações e possibilidades de seu momento, mas sem deixar de expressar o que sentia que precisava dizer. Desde antes de seu nascimento, a família Sánchez de Cepeda y Ahumada já estava acostumada a contornar as lógicas de dominação constituídas, a estrutura de sobrenome da família comprova o fato.

O pai de Teresa era Alonso Sánchez de Cepeda e a mãe, *Doña* Beatriz de Ahumada. A estratégia de colocar o sobrenome da mãe como o último

---

6 "Escribía con cuidado, con tensión, meditando mucho las palabras que utilizaba, siempre a la búsqueda de las palabras justas y siempre sabiendo que las palabras justas no existían" (tradução própria).

sobrenome da família veio do fato de Alonso provir de uma linhagem de chamados "cristãos novos"; judeus convertidos ao catolicismo. O avô paterno de Teresa, Juan Sánchez, havia sido processado pela inquisição de Toledo, em 1485, saindo da cidade após o ocorrido e se mudando para Ávila. Enquanto isso, Beatriz vinha de uma longa tradição de "cristãos velhos". Em suas seguidas tentativas de proteger a família das condenações do passado, Alonso chega a comprar um título de fidalguia e adquirir o título de *caballero*. Entretanto, nem mesmo isso era garantia de proteção para ele e seus filhos.

A marca do passado converso da família Sánchez de Cepeda acompanha Teresa por toda a vida e a influencia muito quando reforma a Ordem religiosa da qual fazia parte. Ao fundar seus novos conventos, era imprescindível para a santa que, em seu Carmelo Descalço, não fosse exigido o certificado familiar de suas noviças, algo que era comum aos conventos da época para comprovar que as futuras monjas eram originárias de proeminentes famílias de tradição cristã. E, ainda, seria fundamental que, dentro do convento teresiano, além dos ofícios de manutenção interna, todas as monjas fossem iguais, sendo impossível levar ao claustro qualquer serva pessoal ou exigir que irmãs de origem mais humilde servissem àquelas de famílias mais ricas.

A estrutura conventual que Teresa encontra quando entra, pela primeira vez, no convento Encarnação, em 1535, é, em suma, um espelho da sociedade externa. Ali, como em boa parte dos demais conventos da época, era necessário que as noviças passassem por um processo de checagem de "antecedentes" familiares, e o *status* que se tinha pela posição social fora do convento era mantido mesmo despois de feitos os votos.

Muitas monjas, inclusive, levavam, para dentro do monastério, suas servas pessoais e muitas das noviças de classes sociais menos abastadas serviam àquelas provenientes da nobreza ou da alta burguesia. Tal estrutura de poder interna incomodava Teresa profundamente e foi um combustível para que crescesse dentro dela o desejo de reformar a Ordem.

> Se quisessem seguir o meu conselho, os pais que põem as filhas em mosteiros onde elas, em vez de encontrar recursos para seguir o caminho da salvação, correm maiores riscos do que no mundo fariam melhor, para a própria honra das filhas, se as casassem, mesmo em condições humildes, ou as mantivessem em casa. Isso é preferível a tê-las nesses mosteiros, a não ser que elas tenham ótimas inclinações.

> Mesmo assim, que Deus as ajude a conservá-las [...] Às vezes, as pobrezinhas não têm culpa, porque seguem o que vêem; é uma lástima verificar que, com frequência, afastando-se do mundo e acreditando que vão servir ao Senhor e preservar-se dos perigos, elas se encontram em dez mundos juntos, sem saber como se valer nem remediar [...] (*Vida*, 7; 4).[7]

A Ordem Carmelita, tal qual era antes das reformas teresianas, a Ordem "calçada", era uma forma mitigada do Carmelo medieval, tradição que descendia diretamente da ideia de afastamento, tão própria aos primeiros eremitas do cristianismo. Porém, ao ser mitigada, com suas regras instituídas em 1247 pelo papa Inocêncio IV, a regra carmelita toma formas de ampla abertura ao mundo externo (Pérez, 2007).

Em 1562, após certa espera, Teresa finalmente recebe a autorização papal para fundar seu primeiro mosteiro Carmelita Descalço, o São José de Ávila, pautado na Regra reformada da qual ela seria precursora. Teresa, em sua erudição acerca dos caminhos da Ordem, se utiliza do próprio passado da instituição para implementar a "reforma descalça". Tal passado está a seu favor, visto que a regra ancestral, antes de ser mitigada, não previa a manutenção de bens e nomes familiares anteriores aos votos.

> [...] eu não sabia que a nossa Regra — antes de ser mitigada — determinava que nada possuíssemos. Eu nunca pensei em fundá-lo sem rendas, pois pretendia que não tivéssemos cuidado com aquilo de que precisávamos para viver, sem considerar as muitas preocupações envolvidas pelas posses (*Vida*, 35; 2).[8]

Outra questão que incomodava a santa na Ordem mitigada era o contato direto que as monjas ainda tinham com suas famílias fora do convento:

---

[7] Do original: "Si los padres tomasen mi consejo, ya que no quieran mirar a poner sus hijas adonde vayan camino de salvación sino con más peligro que en el mundo, que lo miren por lo que toca a su honra; y quieran más casarlas muy bajamente, que meterlas en monasterios semejantes, si no son muy bien inclinadas — y plega a Dios aproveche —, o se las tenga en su casa [...] y a las veces las pobrecitas no tienen culpa, porque se van por lo que hallan; y es lástima de muchas que se quieren apartar del mundo y, pensando que se van a servir al Señor y a apartarse de los peligros del mundo, se hallan en diez mundos juntos, que ni saben cómo se valer no remediar [...]" (traduzido para o português no texto estabelecido por Fr. Tomas Alvarez, O. C. D.).

[8] Do original: "[...] no había venido a mi noticia que nuestra Regla — antes que se relajase — mandaba no se tuviese propio, ni yo estaba en fundarle sin renta, que iba mi intento a que no tuviésemos cuidado de lo que habíamos menester, y no miraba a los muchos cuidados que trae consigo tener propio" (traduzido para o português no texto estabelecido por Fr. Tomas Alvarez, O. C. D.).

> No século XVI, em Ávila, como em outros lugares, as monjas se dedicavam a muitas formas de relações sociais, mesmo depois de entrar no convento. Estavam frequentemente com suas famílias durante os períodos de doença ou necessidade econômica. Os meios econômicos do Encarnação chegaram a ser tão escassos que até cerca de cinquenta monjas viviam, por vez, fora do convento (Bilinkoff, 1993, p. 121).[9]

Portanto, era necessário, em sua nova regra, que o contato externo com os membros da família pregressa fossem quase que totalmente cortados. Dessa forma, Teresa também intencionava que suas noviças emergissem no mundo interno da clausura e se acostumassem com a nova estrutura de poder, que teria mais a ver com as funções internas de cada uma, dentro da lógica do *ora et labora*, do que com fidalguias associadas aos nomes de suas famílias fora das paredes do convento.

A partir do momento em que adentrasse as portas do mosteiro reformado, Teresa sentiria uma certa autonomia para criar seu próprio espaço de influência, que nada teria a ver com o passado de seu histórico familiar. Nessa clausura, suas noviças também estariam blindadas dos falatórios sociais acerca de sua priora e das outras monjas com as quais dividiam o claustro.

A necessidade de esconder ou de contornar o passado da família paterna faz, também, parte das táticas narrativas teresianas, pois exaltar o pai como um "cristão perfeito" é uma constante em sua obra autobiográfica, *Livro da vida* (1565). A figura de sua mãe também é sempre elogiada, algo que se via necessário, também, já que Beatriz, antes uma fidalga de família proeminente, agora, também fazia parte dos Sánchez de Cepeda.

> Meu pai era homem muito caridoso com os pobres e piedoso com os enfermos e até com os criados; tanto que jamais se pôde conseguir que tivesse escravos, por que tinha deles grande dó [...] minha mãe também tinha muitas virtudes e passou a vida com grandes enfermidades. Grandíssima honestidade. Embora muito bela, nunca deu ensejo a que se pensasse ser ela vaidosa, porque, apesar de morrer aos trinta e três anos, seu traje já era o de uma pessoa de muita idade.

---

[9] "En el siglo XVI, en Avila, como en otros lugares, las monjas se dedicaban a muchas formas de relaciones sociales, aun después de entrar en el convento. Con frecuencia estaban con su familia durante los períodos de enfermedad o necesidad económica. Los medios económicos de la Encarnación llegaran a ser tan escasos que hasta unas cincuenta monjas vivían, a la vez, fuerá del convento" (tradução própria).

Muito pacífica e de grande entendimento. Foram enormes os trabalhos por que passou enquanto viveu. Morreu muito cristãmente (*Vida*, 1; 1-2).[10]

Outro motivo para os elogios das figuras paterna e materna era a ideia da introdução e contato com a literatura. Teresa foi alfabetizada em casa, principalmente com a ajuda de sua mãe, como era comum para as moças burguesas e nobres do período. Já para outras mulheres, quer pertencessem a outras classes sociais ou fizessem parte das classes mais abastadas, mas, por qualquer motivo, não houvessem sido alfabetizadas, o próprio convento se constituiria como lugar de letramento e cultura. Com a profusão da literatura religiosa e a importância dada à forma pela qual o indivíduo se iniciava na ciência teológica, era cada vez mais importante ter acesso a essas leituras para se desenvolver religiosa e espiritualmente.

> Com o espírito da Contra-Reforma e a convicção de que a mulher desempenha papel importante na educação dos filhos, chega o grande impulso dado à educação feminina, na tentativa de educar os fiéis para fazerem frente às heresias. No final do século XVI e durante todo o século XVII assiste-se à discussão dos projetos pedagógicos que dedicarão uma parcela de suas preocupações, embora mais reduzidas, às meninas (Algranti, 1999, p. 241).

É nítido, em toda a obra teresiana, como o acesso à literatura, especialmente aos livros de devoção, que, como vimos, eram moda na Espanha da época, influencia as formas pelas quais ela pensa a religião e o contato com o divino.

> Considero algumas vezes o mal que fazem os pais em não procurar que seus filhos vejam sempre, e de todas as maneiras, coisas virtuosas. Porque, sendo minha mãe, como eu disse, tão virtuosa, ao chegar ao uso da razão não aproveitei tanto do bem, enquanto o mal muitos prejuízos me trouxe. Ela gostava de livros de cavalaria, e esse passatempo não lhe fazia tão mal quanto a mim, porque ela não deixava seu labor, somente nos dando liberdade para lê-los. E é possível

---

[10]   Do original: "Era mi padre hombre de mucha caridad con los pobres y piedad con los enfermos y aun con los criados; tanta, que jamás se pudo acabar con él tuviese esclavos, porque los había gran piedad [...] Mi madre también tenía muchas virtudes y pasó la vida con grandes enfermedades. Grandísima honestidad. Con ser de harta hermosura, jamás se entendió que diese ocasión a que ella hacía caso de ella, porque con morir de treinta y tres años, ya su traje era como de persona de mucha edad. Muy apacible y de harto entendimiento. Fueron grandes los trabajos que pasaron el tiempo que vivió. Murió muy cristianamente" (traduzido para o português no texto estabelecido por Fr. Tomas Alvarez, O. C. D.).

> que o fizesse para não pensar nos grandes sofrimentos que tinha, e para ocupar seus filhos, evitando que se perdessem em outras coisas. Isso pesava tanto a meu pai, que era preciso ter cuidado para que ele não o visse. Acostumei-me a lê-los; e aquela pequena falta que nela eu via fez esfriar em mim os desejos, levando-me a me descuidar das outras coisas; e não me parecia ruim passar muitas horas do dia e da noite em exercício tão vão, escondida de meu pai. Era tamanha minha absorção que, se não tivesse um livro novo, em mais nada encontrava contentamento (*Vida*, 2; 1).[11]

Aqui, já é possível perceber as táticas narrativas em ação. Não apenas ela se utiliza da anedota para voltar a exaltar a figura muito devota do pai, como também lança mão da autopunição para julgar seu gosto pelos romances, quando adolescente. É interessante perceber como, mesmo condenando a si mesma do gosto pela literatura de cavalaria, Teresa não deixa de pontuar como sua mãe não possuía a mesma carga de culpa, já que suas leituras não impediam que ela fosse uma boa cristã.

Quando a jovem Teresa fica doente e precisa fazer repouso absoluto por bastante tempo, seu pai a leva para passar uma temporada na casa de seu tio Pedro de Cepeda; ali, ela entra em contato, principalmente, com o Terceiro Abecedário, do franciscano Francisco Osuna; e sua forma de expressar Teologia estará, para sempre, ligada à mística da *devotio moderna*.

> 'Mística' é um caso particular, mas nomeia precisamente uma proliferação lexical no campo religioso. A palavra se multiplica em fins da Idade Média [...] existe uma inclinação por vezes pragmática e metalinguística: ela determina uma forma de utilizar e determinar as expressões que subdetermina. Ela é, inicialmente, um adjetivo [...] Pouco a pouco, na medida em que se tornam mais complexas e explícitas, essas práticas adjetivas são agrupadas em um campo espe-

---

[11] Do original: "Paréceme que comenzó a hacerme mucho daño lo que ahora diré. Considero algunas veces cuán mal lo hacen los padres que no procuran que vean sus hijos siempre cosas de virtud de todas maneras; porque, con serlo tanto mi madre como he dicho, de lo bueno no tomé tanto en llegando a uso de razón, ni casi nada, y lo malo me dañó mucho. Era aficionada a libros de caballerías y no tan mal tomaba este pasatiempo como yo le tomé para mí, porque no perdía su labor, sino desenvolvíamonos para leer en ellos, y por ventura lo hacía para no pensar en grandes trabajos que tenía, y ocupar sus hijos, que no anduviesen en otras cosas perdidos. De esto le pesaba tanto a mi padre, que se había de tener aviso a que no lo viese. Yo comencé a quedarme en costumbre de leerlos; y aquella pequeña falta que en ella vi, me comenzó a enfriar los deseos y comenzar a faltar en los demás; y parecíame no era malo, con gastar muchas horas del día y de la noche en tan vano ejercicio, aunque escondida de mi padre. Era tan en extremo lo que en esto me embebía que, si no tenía libro nuevo, no me parece tenía contento" (traduzido para o português no texto estabelecido por Fr. Tomas Alvarez, O. C. D.).

cífico que marca, a partir do fim do século XVI, a aparição do substantivo: 'a mística'. A denominação marca a vontade de unificar todas as opções até então disseminadas e que serão coordenadas, selecionadas (o que é verdadeiramente 'místico'?) e reguladas a título de um *modus loquendi* (uma 'maneira de falar') (Certeau, 1982, p. 104).[12]

Como parte do gênero narrativo associado à Teologia Mística, a didática do texto é fundamental para que uma busca tão internalizada e individual seja transmitida ao leitor da melhor forma possível; assim, não é incomum que, entre os textos dessa vertente, os manuais de oração sejam muito comuns.

> [...] a Teologia Mística adentra no fundo de um paradoxo, ao mesmo tempo em que nega o intelectualismo em prol do afeto, ela conta com a base textual como um de seus processos iniciáticos e como sua própria finalidade, visto que, ao escrever sobre sua experiência, o místico presta um serviço pedagógico (Ramos, 2017, p. 108).

Moradas ou Castelo Interior (1577) é a obra teresiana na qual esse teor se explicita com maior força. Aqui, ela descreve um caminho interior de oração e autorreflexão que leva o indivíduo para dentro de um castelo de vidro, representando a própria psique do praticante. Ao entrar nessa morada, aquele que faz a oração precisa passar por diversos cômodos, cada qual com seu simbolismo e com seus desafios, para que, no fim, chegue ao centro e se depare com a face de Cristo, que, para Teresa, nada mais é do que a face do outro; do próximo.

Mesmo com a profusão desses manuais de oração pautados no processo afetivo e individual do ser humano com Deus, a época na qual Teresa decide começar a redigir sua obra, já na metade do século XVI e com anos de experiência religiosa, ainda é um momento de controle da produção teológica. Mais ainda, a santa se encontra numa posição bastante particular frente aos outros autores da época pelo fato de ser mulher.

---

[12] "'Mystique' est un cas particulier, mais qui nomme précisément un prolifération lexicale dans un champ religieux. Le mot de multiplie à la fin du Moyen Âge [...] il a une portée a la fois pragmatique et métalinguistique: il précise une façon d'utiliser et d'entendre les expressions qu'il surdétermine. Il est d'abord adjectif [...] Peu à peu, en se complexifiant et en s'expliciant, ces pratiques adjectives son rassemblés en un champ propre qui repère, vers la fin du XVIe siècle, l'apparition du substantif: 'la mystique'. La nomination marque la volonté d'unifier toutes les opérations jusque-là disséminées et qui vont être coordonées, sélectionées (qu'est-ce qui est vraiment 'mystique'?) et réglées au titre d'un *modus loquendi* (une 'manière de parler')" (tradução própria).

> Parece possível que a "retórica para mulheres" fosse uma "retórica da feminilidade", ou seja, uma estratégia que explora certos estereótipos sobre o caráter e a linguagem das mulheres. Ao invés de "escrever como uma mulher", talvez Teresa escrevesse como ela acreditava que era *considerada* a fala das mulheres (Weber, 1990, p. 11).[13]

Foi, portanto, necessário que Teresa se valesse de uma série de especificidades retóricas e estilísticas em seu texto. Boa parte desses subterfúgios já se configuram como características narrativas da Teologia Mística, a exemplo do discurso simples, da desordem e das digressões, que fazem parte do processo didático. Entretanto, outros métodos, como a humildade e a imprecisão, são parte do processo teresiano de blindar seu texto contra os escrutínios inquisitoriais, especialmente por ser uma mulher escrevendo sobre uma temática tão sensível à época.

> Por terem outras ocupações mais importantes e serem varões fortes, estes não se importam muito com coisas que em si não parecem nada, mas que a nós, mulheres, tão fracas como somos, podem causar mal. É que as sutilezas do demônio, para as que vivem em estreita clausura, são muitas, pois ele sabe necessitar de novas armas para lhes causar danos (*Caminho de perfeição*, p. 3).[14]

Dessa forma, é comum que Teresa fale em seu texto que, por ser mulher, ela não entende muito bem do que fala e pede aos leitores — aqui, especificamente, os leitores inquisitoriais — que perdoem sua ignorância, pois aquilo que ela poderia falar de "errado" não seria por conta da maldade da autora, mas por sua falta de qualificação. Assim, também, a imprecisão do texto aparece como uma justificativa, uma ideia de que a narrativa está confusa porque ela mesma não compreenderia bem o que dizia.

> São tão obscuras de entender essas coisas interiores que é forçoso a quem sabe tão pouco como eu dizer muitas coisas supérfluas e até desatinadas para conseguir chegar a uma formulação adequada. Quem o ler deverá ter paciência, assim como eu a tenho para escrever o que não sei; pois é

---

[13] "It seemed possible that Teresa's 'rhetoric for women' was a 'rhetoric of femininity', that is, a strategy which exploited certain stereotypes about women's character and language. Rather than 'writing like a woman', perhaps Teresa wrote as she believed women were *perceived* to speak" (tradução própria).

[14] Do original: "[...] que por tener otras ocupaciones más importantes y ser varones fuertes no hacen tanto caso de cosas que en sí no parecen nada, y a cosa tan flaca como somos las mujeres todo nos puede dañar; porque las sutilezas del demonio son muchas para las muy encerradas, que ven son menester armas nuevas para dañar" (traduzido para o português no texto estabelecido por Fr. Tomas Alvarez, O. C. D.).

> certo que, às vezes, tomo o papel como uma criatura tola, sem saber o que dizer nem como começar. Bem sei que é importante para vós afirmar-vos algumas coisas interiores, como melhor o puder fazer (*Moradas*, I, 2; 7).[15]

As táticas narrativas de Santa Teresa de Ávila foram esquematizadas por Peter Tyler (2011) em campos sustentados por pilares retóricos. Em sua dissertação de mestrado, Joyce Ramos (2017) cita os processos dessa tática narrativa explicitada por Tyler e os identifica com exemplos dentro da obra de Santa Teresa:

> Peter Tyler caracteriza as táticas narrativas teresianas nos campos:
> - Desordem: "Parece que, no capítulo precedente, eu contradisse o que antes tinha afirmado" (*Caminho de Perfeição*, 20; 1).
> - Digressão: "Voltemos ao que dizia" (*Moradas*, V, 2; 3).
> - Imprecisão: "Não sei de acerto no que digo, porque, embora o tenha ouvido, não tenho certeza de recordá-lo bem" (*Moradas*, VI, 4; 7).
> Sustentados pelos pilares retóricos de:
> - Humildade: "Ora, se a minha alma, que é tão ruim, agia assim, as que são boas e humildes O louvarão muito mais" (*Moradas*, III, 2; 11).
> - Humor: "Ela ri muito quando vê pessoas graves, dedicadas à oração e vivendo em estado religioso, darem demasiada importância a questões de honra que para ela já não existem" (*Vida*, 21; 9).
> - Discurso simples: "Eu não podia, repito, compreender o que ocorria comigo. Surgiu-me esta comparação: se possuo uma jóia [...] e venho a saber que a deseja uma pessoa de quem gosto [...] dá-me grande prazer ficar sem o que tenho para satisfazer essa pessoa" (*Vida*, 35; 11). (Ramos, 2017, p. 109-110).

A desordem, a digressão e a imprecisão são formas tomadas pelo discurso para confundir o leitor. Muitas vezes, o pilar retórico da humildade acaba por justificar a desordem e a imprecisão, já que, como autora, Teresa frequentemente pede que o leitor a perdoe por não saber o que fala; por

---

[15] Do original: "Son tan oscuras de entender estas cosas interiores, que a quien tan poco sabe como yo, forzado habrá de decir muchas cosas superfluas y aun desatinadas para decir alguna que acierte. Es menester tenga paciencia quien lo leyere, pues yo tengo para escribir lo que no sé; que, cierto algunas veces tomo el papel como una cosa boba, que ni sé que decir ni cómo comenzar. Bien entiendo que es cosa importante para vosotras declarar algunas interiores, como pudiere [...]" (traduzido para o português no texto estabelecido por Fr. Tomas Alvarez, O. C. D.).

sua ignorância. O discurso simples acaba por, quase sempre, sustentar as digressões. Tais noções estão presentes não apenas na obra teresiana, mas dentro da retórica didática de toda a Teologia Mística, já que acaba tornando mais simples a compreensão de ideias complexas.

Há, aqui, um aparente paradoxo entre o caráter pedagógico do discurso simples e a desordem e imprecisão textual, o que acabaria por tornar as ideias mais difíceis de serem assimiladas. Entretanto, não há contradição prática justamente pelo fato de a desordem ser apenas superficial, utilizada como uma blindagem do escrutínio inquisitorial. Em suma, não seria difícil para o leitor compreender a ideia central que a autora procura transmitir, mas, através da forma pela qual o texto se estrutura, é possível que ela se defenda de possíveis acusações alegando que a confusão de sua escrita se deve ao seu despreparo e à sua ignorância.

Dado o conteúdo da obra, fica nítido, para quem a lê atualmente, que Teresa tem plena consciência, determinação e qualificação em seu discurso, mas que tais qualidades se veem encobertas por um véu retórico. Mesmo se utilizando de todas essas táticas narrativas, a produção teresiana não escapa do radar inquisitorial. O *Livro da vida* ficará retido pelo Santo Ofício até depois de sua morte, e a própria Teresa é chamada para depor, sendo inocentada das acusações pouco tempo depois.

O momento teresiano também exigia outro tipo de tática que fugia do escopo narrativo. Era preciso que houvesse uma rede de apoio, tanto intelectual quanto hierárquica, que pudesse auxiliá-la. Teresa sabia que, para que sua produção fosse legitimada e para que sua reforma e fundação de novos conventos fosse possibilitada, precisaria ter boas relações com os homens que ratificavam os discursos eclesiásticos e com os homens e mulheres que teriam poder suficiente para apoiar a expansão de sua Ordem Descalça.

O primeiro intermediário entre Teresa e o restante da hierarquia eclesiástica era seu confessor. Como monja enclausurada, sua principal forma de comunicação com o mundo exterior começava dentro do confessionário. Era muito importante que esse ator estivesse em consonância com os ideais que ela intencionava transmitir, pois ele agiria como uma ponte entre o espaço conventual no qual a santa transitava e as instâncias de poder que autorizavam sua escrita.

> Outro mestre, isto é, algum confessor que me entendesse, busquei durante vinte anos, mas não o encontrei, o que me prejudicou e me fez retroceder muitas vezes, podendo

> ter me levado à ruína total. Se tivesse tido um confessor,
> eu teria sido ajudada em evitar as ocasiões de ofender a
> Deus (*Vida*, 4; 7).[16]

Muitas vezes, tal dependência com relação à figura do confessor poderia se voltar contra a própria Teresa, já que estes poderiam se mostrar como os primeiros olhos inquisitoriais de suas obras, para o bem ou para o mal. Se o confessor se mostrasse teologicamente alinhado a ela, sua primeira leitura dos manuscritos a ajudaria a navegar pelas imposições inquisitoriais e evitá-las. Entretanto, um confessor avesso aos seus postulados poderia interditar suas obras, ou mesmo denunciá-las para o Santo Ofício, principalmente quando do início de suas produções.

Como Teresa chega a experimentar certo nível de autoridade eclesiástica em vida, dado o sucesso de suas fundações conventuais por todo o território castelhano, muitos dos confessores que teve após sua idade mais avançada acabariam por ver nela a figura de autoridade, invertendo, assim, a lógica hierárquica interna que colocaria aquele que confessa em situação de penitente frente àquele que ouve a confissão e absolve os pecados.

Em suas *Fundações* (1537-1582), Teresa compara dois confessores e as formas pelas quais eles haveriam lidado com seus relatos de experiências místicas. O segundo confessor, que ela irá classificar como "não tão espiritual", se mostraria como alguém a quem ela já não deveria nenhuma satisfação, mostrando como sua figura se assomava com maior autoridade nesse momento.

> Um dos confessores era tão humilde que, assim que fui ao
> seu encontro e lhe falei, acreditou em mim. O outro não
> era tão espiritual — em comparação, quase nada — e não
> houve meio de convencê-lo. Mas não me incomodei com
> este último, por não lhe dever tantas obrigações (*Fundações*, 6; 11).[17]

---

[16] Do original: "Porque yo no hallé maestro, digo confesor, que me entendiese, aunque le busqué, en veinte años después de esto que digo, que me hizo harto daño para tornar muchas veces atrás y aun para del todo perderme; porque todavía me ayudara a salir de las ocasiones que tuve para ofender a Dios" (traduzido para o português no texto estabelecido por Fr. Tomas Alvarez, O. C. D.).

[17] Do original: "El era tan humilde, que luego fui allá y le hablé, me dio crédito. El otro no era tan espiritual, ni casi nada en su comparación; no había remedio de poderle persuadir. Mas de éste se me dio poco, por no lo estar tan obligada. Yo las comencé a hablar y a decir muchas razones, a mi parecer bastantes para que entendiesen era imaginación el pensar se morirían sin este remedio. Teníanla tan fijada en esto, que ninguna cosa bastó ni bastara llevándose por razones. Ya yo vi era excusado. Y dijeles que yo también tenia aquellos deseos y dejaría de comulgar, porque creyesen que ellas no lo habían de hacer sino cuando todas; que nos muriésemos todas tres, que yo tendría esto por mejor que no semejante costumbre se pusiese en estas casas [...]" (traduzido para o português no texto estabelecido por Fr. Tomas Alvarez, O. C. D.).

As correspondências de Teresa também se constituíam como uma forma importante de contato com o mundo exterior e com as figuras que poderiam legitimar sua produção. Como contemporâneos da santa, Juan de Ávila e Frei Luís de Granada seriam suas principais correlações, especialmente do ponto de vista teológico. Juan de Ávila, seu grande amigo e discípulo, a acompanhou em diversas de suas fundações, sendo ele o braço fundador de boa parte dos mosteiros masculinos da Ordem Carmelita Descalça.

> À frente de uma empreitada homérica para alguém em sua posição de mulher, Teresa nunca negligenciou o fato de que precisava do apoio masculino para atingir seus objetivos. Ainda que fossem imprescindíveis os apoios femininos, como o de *Doña* Guiomar de Ulloa, ou mesmo, de sua irmã Juana, era impossível negligenciar que, sem o aval de autoridades masculinas, pouco poderia ser feito [...] Para tal, ela se vale de boas escolhas de confessores e de suas relações com Jerônimo Gracián da Madre de Deus, João da Cruz, Giambattista Rossi, Pedro de Alcântara, Francisco de Borgia, Luis Beltran, Pedro Ibañez, Domingo Bañez, entre tantos outros representantes da autoridade masculina, eclesiástica ou secular (Ramos, 2017, p. 95).

Mas não era apenas a comunidade religiosa que lia as produções teresianas e se correspondia com ela. Havia, também, figuras da nobreza local, especialmente mulheres nobres, que viam na santa uma conselheira e especialista em espiritualidade a quem seguir.

No caso de sua experiência com o tribunal do Santo Ofício, essas relações se mostraram tanto prejudiciais quanto auxiliares para a santa. Em 1575, quem denuncia Teresa e sua obra para a inquisição é a Princesa de Eboli, com quem tem grandes indisposições. Os textos teresianos são, então, confiscados e um processo se inicia contra ela. É seu amigo, o religioso e teólogo Domingo Bañez, que a ajuda a ser absolvida das acusações um ano depois da denúncia. Entretanto, o *Livro da vida* ficaria retido pelo tribunal até depois da morte de Teresa e é Luís de León que o recuperará e editará pela primeira vez em 1588, seis anos após o falecimento da santa.

> Ao se ver acusada, Teresa escreve uma carta para seus inquisidores explicando seu desejo de permanecer uma fiel filha da Igreja e invocando todas as boas relações que possuía com diversos representantes das Ordens religiosas. Com ajuda de Domingo Bañez, é absolvida de todas as acusações em

29 de Abril de 1576. Entretanto, ela e suas obras estariam sempre vigiadas de perto, em busca de algum deslize que pudesse entregá-las como heréticas (Ramos, 2017, p. 62).

Não era incomum para Teresa a necessidade de contornar, ocultar e subverter as imposições e proibições com as quais se deparava ou se deparia dada sua condição e seu momento. Estabelecer-se como uma autoridade no campo da Teologia através de sua didática e de sua compreensão daquilo que fazia a essência do pensamento cristão postulado: a caridade; o cuidado com o próximo, saber trabalhar o texto de forma que suas ideias pudessem ser adotadas como palavras de autoridade eclesiástica; e se cercar de pessoas que pudessem legitimar suas obras e suas fundações foram os elementos que encaminharam nossa protagonista à santidade.

Em 1614, apenas trinta e dois anos após a morte de Teresa, ocorrida em 1582, ela é beatificada, e logo em 1622 já se encaminha sua canonização. O espaço de tempo entre a morte e a canonização é visivelmente curto, uma amostra de sua distinção, autoridade e respeitabilidade dentro da Igreja. Outra comprovação de seu notório saber viria no século XX, em 1970, quando foi declarada a primeira Doutora da Igreja Católica.

Até o momento, a Igreja Católica possui apenas quatro Doutoras, assim classificadas por conta de sua produção textual, teológica e participação ativa em momentos de transformação eclesiástica, Santa Hildegarda de Bingen, Santa Catarina de Siena, Santa Teresa de Ávila e Santa Teresinha de Lisieux. Apesar de Teresa não ser a primeira a ter vivido cronologicamente, ela é a primeira a receber o título, seguida de perto por Santa Catarina de Siena, no mesmo ano de 1970, enquanto Santa Teresinha de Lisieux só o receberia em 1997, e Santa Hildegarda, apenas em 2012. A prioridade teresiana para tal nomeação e a carga simbólica de tal fato também vêm demonstrar como a Igreja, apesar de vigiar de perto sua obra, haveria de assimilá-la e valorizá-la completamente em um espaço de tempo bastante curto.

Por fim, foi justamente a profusão de sua produção e o contato com a Teologia Mística que fizeram de Santa Teresa de Ávila uma fonte de conhecimento e de acesso à doutrina dentro da própria instituição católica. Suas táticas narrativas e as formas pelas quais ela contornava as restrições a ela impostas construíram a figura de santidade que a transformaria na própria autoridade canônica.

Referências

ALBERT, Jean-Pierre. Érudition et mystique dans le monachisme chrétien. Archives de sciences sociales des religions. Avril-juin, 2011.

ALGRANTI, Leila Mezan. *Livros de devoção, atos de censura: ensaios de história do livro e da leitura na América Portuguesa (1750-1821)*. São Paulo: Hucitec; Fapesp, 2004.

BALLTONDRE PLA, Mònica. La oración como técnica de subjetivación en la espiritualidad cristiana del siglo XVI. *Estudios de Psicología*, 2011, v. 32, n. 3, p. 375-388.

BILINKOFF, Jodi. Ávila de Santa Teresa: la reforma religiosa en una ciudad del siglo XVI. Tradução de Mercedes Pereda. Madri: Editorial de Espiritualidad, 1993.

BONNARD, Maryvonne. Les influences réciproques entre sainte Thérèse et saint Jean de la Croix. *Bulletin Hispanique*, v. 37, n. 2, 1935.

BORRIELLO, Luigi.; CARUANA, Edmundo; DEL GENIO, Maria Rosaria. (dir.). *Dicionário de mística*. São Paulo: Loyola; Paulus, 2003.

CERTEAU, Michel de. *La Fable Mystique, I: XVIe-XVIIe siècle*. Paris: Gallimard, 1982.

CERTEAU, Michel de. *La Fable Mystique, II: XVIe-XVIIe siècle*. Paris: Gallimard, 2013.

DEL OLMO, Sara Sánchez. Cuerpos en lucha, lucha de cuerpos: discurso moral, propaganda e identidade religiosa en el Michoacán Colonial. *Boletín Americanista*, Barcelona, año LXIII, v. 2, n. 67, 2013.

DELUMEAU, Jean. *A civilização do Renascimento*. Lisboa: Editorial Estampa, 1994.

DELUMEAU, Jean. *La Reforma*. Barcelona: Editorial Labor, 1967.

GARCÍA-ARENAL, Mercedes. Religión contra espiritualidad: la implantación de la Inquisición española. *Revista de Libros*, n. 139-140, 1 ago. 2008.

GARCÍA GIBERT, Javier. *La Humanitas Hispana*: sobre el humanismo literário en los Siglos de Oro. 1. ed. Salamanca: Ediciones Universidad de Salamanca, 2010.

GARCÍA-RUBIO, Francisco. *El inconsciente ideológico teresiano*: los escenarios metafóricos animistas del cuerpo y el alma en el *Libro de su Vida* de Teresa de Jesús. University of Louisiana at Lafayette, s.d.

GOODY, Jack. *Renascimentos*: um ou muitos? Tradução de Magda Lopes. São Paulo: Editora Unesp, 2011.

LORENZ, Erika. *Teresa de Ávila*: las tres vidas de una mujer. 2. ed. España: Herder, 2015.

PEDROSA-PÁDUA, Lúcia. *Santa Teresa de Jesus*: mística e humanização. São Paulo: Paulinas, 2015.

PÉREZ, Joseph. *Teresa de Ávila y la España de su tiempo*. Algaba, 2007.

POUTRIN, Mme Isabelle. Ascèse et désert en Espagne (1560-1600): autour de la réforme carmélitaine. *Mélanges de la Casa de Velázquez*, v. 25, 1989.

RAMOS, Joyce de Freitas. *Ler, reformar e escrever*: Teologia Mística na expressão feminina de Teresa de Ávila. Dissertação de Mestrado. Pontifícia Universidade Católica de São Paulo. São Paulo, 2017.

RICARD, Prosper. Notes et matériaux pour l'étude du « socratisme chrétien » chez sainte Thérèse et les spirituels espagnols. *Bulletin Hispanique*, v. 49, n. 1, 1947.

RICARD, Robert. Le symbolisme du « château intérieur » chez sainte Thérèse. *Bulletin Hispanique*, v. 67, n. 1-2, 1965.

RICARD, Robert. Quelques remarques sur les Moradas de sainte Thérèse. *Bulletin Hispanique*, v. 47, n. 2, 1945.

ROSSI, Rosa. *Teresa de Ávila*: biografía de una escritora. Icaria/Antrazyt, 1997.

SAINT-SAËNS, M. Alain. Thérèse d'Avila ou l'érémitisme sublimé. *Mélanges de la Casa de Velázquez*, v. 25, 1989.

SANTA TERESA DE JESÚS. *Obras completas*. 16. ed. Burgos: Monte Carmelo, 2011.

SANTA TERESA DE JESÚS. *Obras completas*. 2. ed. Texto estabelecido por Fr. Tomas Alvarez, O. C. D. São Paulo: Edições Loyola, 2002.

TORRÃO FILHO, Amilcar. O sumo bem contra a ruína da sociedade: o morgado de Mateus, a fundação do recolhimento da luz e a mística feminina em São Paulo. *Revista MAS*, s.d.

TORRÃO FILHO, Amilcar. *Mística Feminina y Gobierno Ilustrado en São Paulo Colonial*. La Fundación del Convento da Luz (1774). 2014.

TYLER, Peter. *The Return to the Mystical*. Ludwig Wittgenstein, Teresa of Avila and the Christian Mystical Tradition. Nova Iorque: Continuum, 2011.

WEBER, Alison. *Teresa of Avila and The Rhetoric of Femininity*. Princeton: Princeton University Press, 1990.

ZILLES, Urbano. Teologia no Renascimento e na Reforma. *Teocomunicação*, Porto Alegre, v. 43, n. 2, jul./dez. 2013.

CAPÍTULO 2

HOSPITAL MATARAZZO: HISTÓRIA, ASSOCIATIVISMO, PATRIMÔNIO E MEMÓRIA

Thais Teixeira Brambilla
Maria Izilda S. Matos

Figura 1 – Capela do Hospital Matarazzo "suspensa" para a construção dos subsolos

Fonte: Mauro (2018)

O Hospital Matarazzo/SP, importante remanescente da presença italiana em São Paulo, teve seus edifícios tombados pelo Condephaat (Conselho de Defesa do Patrimônio Histórico, Arqueológico, Artístico e Turístico do Estado de SP) em 1986, num momento em que a instituição enfrentava grave crise que levou ao encerramento de suas atividades

(1993). O conjunto construtivo foi vendido (1996), ficando abandonado por décadas, até ser comprado pelo grupo Allard (2011), que, após articulações, conseguiu a revisão do tombamento e construiu um complexo de alto luxo denominado "Cidade Matarazzo", composto de hotel, escritórios, shopping center, centro cultural e gastronômico.

Comemorar significa trazer à memória um acontecimento e nela conservar o passado, discutir os lugares de memória observando seus usos, manipulações, esquecimentos e ocultamentos. Carregados de conteúdos emocionais e forças simbólicas, os momentos celebrativos são estratégicos ao forjar, explorar, atualizar e reordenar as memórias. A produção e perpetuação de memória implica um conjunto de operações intencionais, ingerências e manipulações, já que "memória é vida sempre carregada por grupos vividos" (Nora, 1993, p. 9), contudo, sensível a eleições, projeções, práticas e mediações. Constituindo-se num processo envolto em disputas, negociações e relações de força, englobando práticas, elegendo marcos, construindo (e/ou destruindo) lugares de memória que conectam (e/ou desconectam) o presente com seu passado e as imagens que dele foram preservadas (e/ou aniquiladas) (Agulhon, 1988; Albuquerque Jr., 2009; Hall, 2005).

Essas reflexões geram questionamentos sobre por que nesse momento celebrativo dos 150 anos da imigração italiana, numa cidade como São Paulo, na qual a comunidade italiana foi/é tão expressiva, ocorre esse descaso, descuido e destruição para com o patrimônio histórico, que sucumbe ante os interesses do capital imobiliário.

Assim sendo, estes escritos buscam discutir a presença italiana na cidade de São Paulo, as suas práticas associativistas, a constituição das associações beneficentes da comunidade italiana em São Paulo, a criação do Hospital Matarazzo, sua crise e fechamento e a destruição do patrimônio.[18]

Italianos em São Paulo: experiências e associativismo

Os estudos sobre a imigração em São Paulo concentram uma produção ampla, diversificada e enriquecida por abordagens que analisam aspectos diferenciados da questão, podendo ser considerada uma temática eleita pela historiográfica paulista, particularmente quando intercruzada

---

[18] A pesquisa envolve um corpo amplo e diversificado de fontes; apesar da impossibilidade de acesso a todos os documentos institucionais, foi pesquisado o Fundo da Secretaria de Obras e Viações, do Arquivo do Estado de São Paulo, a imprensa diária (*O Estado de S. Paulo, Folha de S. Paulo, Diário Oficial do Estado de São Paulo, Correio Paulistano*, entre outros), bem como o Processo de Tombamento do Condephaat, seus anexos e a revisão do tombamento.

com outros temas como cafeicultura, indústria, trabalho e movimento operário. Nos estudos sobre as experiências migratórias, os italianos têm sido um grupo privilegiado, pela sua importância e expressão numérica.

Nos finais do século XIX e inícios do XX, o aumento da imigração italiana para São Paulo esteve vinculado à política de subsídios à introdução de trabalhadores para o café, que foi capitaneada pela Sociedade Promotora de Imigração, com o recrutamento através de agenciamentos na Itália e que incluía o fomento das passagens e da hospedagem (Gonçalves, 2021). Os deslocamentos dos italianos também funcionaram através das redes migratórias (Truzzi, 2008), com a divulgação de informações e das "chamadas" de parentes e/ou conterrâneos anteriormente emigrados.

Tabela 1 – Estrangeiros em São Paulo (maiores grupos)

Anos	TOTAL GERAL	Italianos	Portugueses	Espanhóis
1885-1909	1.059.199	744.244	134.594	180.361
1910-1934	654.637	187.558	263.063	204.016
1935-1959	311.987	90.130	156.536	65.321
1960-1961	31.665	4.144	14.982	12.539
Total	2.057.488	1.026.076	569.175	462.237

Fonte: Departamento de Imigração e Colonização (1962, p. 44)

Os italianos se destacaram entre os trabalhadores nas lavouras, particularmente as de café, e se fizeram presentes nas cidades do interior do estado.[19] Atraídos para a capital, agruparam-se em territórios "conforme a região de origem: os napolitanos, no Brás; os calabreses, no Bixiga; os venezianos, no Bom Retiro" (Carelli, 1985, p. 34). Trabalhavam em atividades urbanas, incluindo o nascente setor industrial,[20] e se destacaram nas lutas e nos movimentos operários (Toledo, 2004a; Toledo, 2004; Biondi, 2011).

---

[19] Estima-se que, dos mais de 2 milhões de imigrantes entrados no estado entre 1890 e 1930, cerca de 58% foram financiados e em sua maioria passaram pela Hospedaria dos Imigrantes. Nove em cada dez imigrantes saídos dessa Hospedaria foram encaminhados para os interiores do estado. Segundo o censo de 1920, dos mais de 1,5 milhão de imigrantes no país, 53% estavam no estado de São Paulo; desses, mais de 800 mil habitavam fora da capital (Bassanezi; Scott; Truzzi; Bacellar, 2008).

[20] A presença dos italianos foi detectada nas indústrias de fiação, tecelagem e malharia, de cigarros, charutos e fumos, na confecção de roupas, roupas brancas, redes, na produção fabril de fitas, fósforos, velas, sabão, chapéus, calçados e tamancos, ainda no setor de alimentos, panificação, chocolate e bebidas, metalurgia, cerâmica e vidro (Boletim do Departamento Estadual do Trabalho, 1911–1912).

Os italianos também se dedicaram aos serviços urbanos, em funções como cocheiro, carroceiro, serviços de transporte (bondes e ferrovias), na construção civil, em obras públicas e particulares, e atuaram como jornaleiro, carpinteiro, pedreiro, pintor, marceneiro, vidreiro, serralheiro, marmorista, fabricante de artefatos de cimento e gesso e de tacos de madeira para pisos. No setor de ofícios, trabalharam em funções como sapateiro, alfaiate, ourives, barbeiro, padeiro, entre outras; além dos serviços domésticos.

O comércio constituía um campo de possibilidades, os italianos se fizeram presentes nos pequenos negócios, alguns envolvendo toda a família, como lojas de roupas, tecidos, armarinhos e miudezas, ferragens, louças, vidros, instrumentos musicais, além do comércio de alimentos (quitandas, açougues, armazéns, leiterias, padarias) e em bares, cafés, botequins, restaurantes, confeitarias e pastelarias.

A presença expressiva dos italianos na cidade de São Paulo foi registrada por Gina Lombroso Ferrero, quando da sua visita:

> O traço mais saliente da cidade é sua italianidade. Ouve-se mais italiano em São Paulo que em Turim, Milão, em Nápoles porque passo que entre nós se fala o dialeto, em São Paulo todos os dialetos se fundem sob a influência dos vênetos e toscanos, que são a maioria, e os da terra adotam o italiano como língua oficial. São Paulo dispõe de cinquenta escolas italianas, numerosíssimas sociedades italianas de música e pintura. Vinhos, pães, automóveis, roupas, tecidos, livros, anúncios, tudo é italiano. Nos empórios veem-se montanhas de latas de tomate siciliano e de massas napolitanas, nas lojas de tecidos figuram todos os algodões de Lombardi, as nossas sedas de Como, os nossos chapéus de Florença e de Alessandria. (Ferrero, 1981, p. 146).

Entre os italianos que se estabeleceram na cidade, destacaram-se aqueles com formação superior: médicos, farmacêuticos, arquitetos, professores, advogados e construtores. Ainda se distinguia a presença de empreendedores no comércio de importação e no setor industrial. Em 1901, mais de 25% das indústrias do estado de São Paulo pertenciam a italianos, os dados de 1920 apontam um crescimento de aproximadamente 50% da atuação desses imigrantes (Bandeira Jr., 1901; Trento, 2022).

Para esta pesquisa, merecem menção a trajetória e as atividades de Francisco Matarazzo, que chegou ao Brasil em 1881, inicialmente dedicou-se ao comércio de banha, farinha e outros produtos, ampliou e diversificou suas ações em diferentes áreas e esferas, constituindo o maior conjunto de indústrias da América Latina — as Indústrias Reunidas Francisco Matarazzo IRFM. Tal grupo agregava suas fábricas, depósitos, armazéns, que incluíam o segmento têxtil de tecelagem, fiação, malharia, tinturaria e estamparia de algodão, fábrica de seda e sacaria; no setor de alimentos, indústria de banha, beneficiamento de trigo (moinho, depósitos e armazéns) e arroz; fábrica de óleos e de sabão, frigorífico e a Sociedade Paulista de Navegação Matarazzo Ltda. (Martins, 1974; Couto, 2004; Cenni, 2003).

O Conde Matarazzo foi alçado à condição de patrono da comunidade italiana. Através de doações, colaborou para diferentes associações, cabendo pontuar o Instituto Médio Ítalo-Brasileiro Dante Alighieri (Franchini, 2015), a Associação Esportiva-Futebolista Palestra (Guedes, 2006) e a Sociedade Italiana de Beneficência de São Paulo.

A comunidade de italianos se organizou em associações com diferentes finalidades, como clubes, escolas, associações culturais, musicais, recreativas, esportivas, destacando-se as Sociedades de Mútuo Socorro, como a Sociedade Italiana de Beneficência de São Paulo (SIBSP), fundada de 1878.

> [...] associações italianas de socorro mútuo que começaram a proliferar em São Paulo, durante a década de 1890 (até aquela época só existia a Sociedade Italiana de Beneficência e a "Vittorio Emanuele II" fundadas em 1878-79). Estas associações não eram grupos políticos, mas, assim, como os sindicatos, constituíam um espaço de afirmação política, às vezes, explicitamente caracterizado pelo lado republicano, socialista ou monarquista. Militantes, lideranças comunitárias e sindicalistas as frequentavam com certa assiduidade, sendo parte do mundo organizativo e de sociabilidade, dentro de um universo identitário italiano. Os sócios eram quase exclusivamente comerciantes, pequenos empresários, artesãos, técnicos e operários qualificados, mas, estas associações recebiam outros imigrantes em festas e comemorações e abriam suas sedes para abrigar reuniões, cursos diversos (de italiano ou profissionalizantes) e círculos culturais ou esportivos formados por não integrantes. (Biondi, 2020, p. 91-101).

Com o aumento das chegadas, ocorreu o crescimento do associativismo, contudo, este era dificultado "por rupturas e conflitos, que tinham sua raiz em conflitos políticos e regionais, sobretudo, ligados ao embate entre monarquistas e antimonarquistas e entre italianos do Norte e do Sul" (Biondi, 2012, p. 75-104).

A constituição de Sociedades de Mútuo Socorro abarcava experiências anteriores na Itália e visava suprir a inexistência de políticas sociais de assistência à saúde e aposentadorias.

> O elo de união entre as sociedades de socorros mútuos residia no caráter previdenciário das mesmas. Quase que unanimemente elas tomavam a si a incumbência de cuidar da saúde dos sócios, garantir seu sustento quando impossibilitados de trabalhar, zelar pela família daqueles que faleciam, encarregar-se do funeral dos membros. Propunham-se ainda a assistir juridicamente os sócios e prestar auxílio aos que fossem presos. Preocupavam-se com a educação dos sócios e de seus filhos, e possibilitavam oportunidades de lazer patrocinando festas, bailes e piqueniques. (Luca, 1990, p. 24).

A prática associativa se difundiu como uma forma de apoio, manutenção de laços com a terra natal e suas tradições, relações de sociabilidade e da criação do sentimento de "italianidade" (Truzzi, 2018). Contudo, o associativismo também deve ser entendido num campo de lutas e resistências, numa arena de tensões que envolviam relações de dominação, imposições, negociações e trocas.

Sociedade Italiana de Beneficência de São Paulo e Hospital Umberto I

A elite imigrante foi atuante na organização e manutenção de associações, essas ações indicavam posições de poder dentro da comunidade e a busca de prestígio e inserção na elite paulista. A SIBSP, que, posteriormente, criou o Hospital Umberto I, contou com a cooperação da elite italiana para a construção e manutenção do hospital.

> [...] para os que ascendiam na camada social essas associações representavam um meio para o exercício do mecenato, capaz de propiciar renome fora e dentro da colônia [...] Não se pode esquecer que a pequena camada de imigrante que amealhou fortuna não encontrou, de imediato, guarida na aristocracia local [...] é certo contar que a segregação nunca foi total [...] os mais abastados buscavam o reconhecimento no interior da própria colônia. Nessa medida, a iniciativa da constituição e/ou direção de uma sociedade e auxílios poderia partir de elementos ricos, que impunham a realização de uma grande tarefa, capaz de redimi-los perante toda

a sociedade [...] aqui destaca-se a construção de um grande hospital — obra levada a cabo pela Sociedade Italiana de Beneficência, depois da Sociedade Italiana de Beneficência para o Hospital Umberto I [...] (Luca, 1990, p. 143).

A SIBSP unia associados de distintas regiões da Itália e buscava atender a todos que procuravam por seus serviços. Inicialmente, suas ações se centraram nos esforços para erguer um hospital; num segundo momento, na busca de um local maior para melhorar e ampliar o atendimento; e numa terceira etapa, na organização, gerência, manutenção e ampliação do Hospital Umberto I.

Figura 2 – Primeiro prédio do hospital, localizado à Rua Major Diogo, 200, Bixiga

Fonte: E. E. Dra. Maria Augusta Saraiva (2014)

Desde o início de suas atividades (1878), a SIBSP acompanhava as normativas associativas regidas pelo governo imperial.[21] Nesse momento inicial, enfrentou dificuldades de estruturação, organização, instabilidade no número de associados, falta de recursos financeiros e inadimplência

---

[21] As normativas para a criação de instituições começaram a ser criadas em 1818; o Decreto n. 2.711 de 19 de dezembro de 1860, que instituía a chamada Lei dos Entraves, regulamentou as associações mutuais, entre elas a SIBSP (Almeida, 2014).

no pagamento das mensalidades.[22] Fazendo frente a essas adversidades, a SIBSP adquiriu um terreno no Bairro do Bixiga (1881) e implementou a construção do hospital, que iniciou suas atividades em 1885.

Com o crescimento da comunidade e das demandas por atendimentos, em pouco tempo, o hospital ficou pequeno. O prédio foi vendido e um amplo terreno (27.995,09 m²) foi adquirido na confluência da Alameda Rio Claro, Rua Itapeva, Rua São Carlos do Pinhal e Rua Pamplona (próximo à Av. Paulista). Em 1º de janeiro de 1904, o novo hospital foi inaugurado, possuía dois andares, com várias salas e enfermarias interligadas por corredores.[23]

Em seu primeiro ano de funcionamento, foram internados 710 pacientes, sendo apenas 85 pagantes. Cumprindo seu papel beneficente, a entidade começou a receber pacientes "sem distinção de nacionalidade, raça, cor ou religião" (Cenni, 2003, p. 304). Vários membros da comunidade italiana colaboraram para as melhorias do hospital, em especial a família Matarazzo. Em 1915, teve início a expansão do hospital, a nova intervenção foi a construção da Casa de Saúde Francisco Matarazzo, financiada pelo Conde.

> Compreende uma área de mil metros quadrados. A construção, em suas linhas de admiravel simplicidade e precisão, recorda a bela arte italiana e é uma original obra do architecto sr. Bianco. O edifício se compõe de um subterrâneo e de dois andares, com amplos vestíbulos e corredores, que dao a uma área. No subterrâneo estão os gabinetes de hydroterapia, massagens, electricidade, gymnastica medica e salão de banhos, este caprichosamente montado pelo sr. dr. João Marino, estabelecido nesta capital. No primeiro andar ou andar térreo estão os alojamentos para enfermos, o que existe também no segundo andar. Há os alojamentos especiaes, composto de sala, quarto e sala de banho, independente, para uma diaria de cincoenta mil réis. Na classe distincta, a diaria é de 20 mil réis; na primeira, quinze, e na segunda, em que existem duas ou mais camas num mesmo quarto, dez mil réis. Os doentes têm direito à assistência dos médicos internos, todos os

---

[22] Seu primeiro presidente foi o Dr. Inacio Bertoldi, um dos primeiros médicos imigrantes que se fixaram em São Paulo, depois de ter atuado em Santa Catarina e no Rio de Janeiro (Salles, 1996).

[23] Durante o período de 1831 a 1920, entraram em São Paulo 41 médicos italianos; desses, 20 participaram de alguma forma da SIBSP. O médico italiano Dr. Carlo Comenale ajudou a fundar o Hospital e foi seu diretor por 36 anos, o corpo clínico era composto em sua maioria de médicos italianos (Salles, 1996; Lacaz, 1989).

> serviços e medicações [...] As salas de jantar, e são duas, estão no primeiro andar. São amplas e bem arejadas. No segundo andar, a que se é conduzido por uma escada de mármore ou por um elevador, estão os compartimentos mais importantes. Há ali as salas de operações scepticas, de esterilização e de operações anti-scepticas [...] Nesse andar existem os alojamentos para vestiário dos médicos, desinfecções, etc. (Correio Paulistano, 1917).

Durante vários anos, o hospital recebeu doações de italianos para erguer novas instalações, equipamentos, Capela, Clínica Pediátrica e Maternidade.

> Em 1920 o dr. Paulo Siciliano doava ao hospital uma cozinha a vapor e o conde Francisco Matarazzo Júnior um gabinete de fisioterapia. Dois anos mais tarde, os leitos das enfermarias subiam a 120 e Dona Virginia Matarazzo construía e doava à sociedade a capela, que é uma verdadeira igreja, enquanto o conde Francisco Matarazzo ampliava à sua custa as acomodações do gabinete de raios X [...] Em 1929 era levantado um novo prédio, no conjunto, para a instalação de uma cozinha moderna, lavanderia, rouparia e refeitório para os empregados. Em 1931, Antônio de Camillis resolvia custear a construção de um hospital para crianças [...] Naquele mesmo ano era lançada a pedra fundamental da maternidade, oferecida pela Condessa Filomena Matarazzo. (Cenni, 2003, p. 306).

A próxima modificação relevante no hospital foi a que transformou o pavilhão da enfermaria na Casa de Saúde Ermelino Matarazzo, construída por Francisco Matarazzo em homenagem ao seu filho mais velho, que faleceu em 1920.

> A Casa de Saude "Ermelino Matarazzo", que se acha entre o Hospital Umberto I e a Casa de Saude "Conde Francisco Matarazzo", ocupa uma área de 58x48 metros, tem 53 quartos, possuindo todos eles banheiros e instalações sanitárias; 18 apartamentos de 1ª classe com saleta, quarto de banho e todas as instalações hygienicas; e 4 apartamentos de luxo, com dormitorios, salas de visita, quarto de banho e optimas instalações sanitarias. As salas de leitura, de jantar e de operações estão admiravelmente installadas possuindo todas excellente e rico mobiliário. O gabinete de oto-rhino-laringologia possue uma completa instalação. Na frente do hospital ergue-se um bello busto do saudoso patrono Ermelino Matarazzo, obras do admiravel e grande esculptor Brisolara. (Correio Paulistano, 1925).

A proposta da Casa de Saúde era atender os pacientes mais exigentes, contando com instalações requintadas e individualizadas, todos os quartos possuíam um banheiro próprio, alguns deles até mesmo sala de visita.

O ambulatório edificado tinha as mesmas características de outras construções, mas a edificação não era para internação, e sim para consultas médicas, possuindo também uma sala destinada a primeiros socorros. Outros pavilhões que foram edificados contavam com ambulatórios, enfermarias, salas de operações, de esterilização, de curativos e sala de médicos.

Observa-se que, durante seus anos de funcionamento, o hospital passou por reformas e expandiu suas construções,[24] viabilizando o aumento de atendimentos prestados; em 20 anos, a quantidade de pacientes que passaram pelo hospital quadruplicou. Em 1924, pouco mais de 43% da população atendida era brasileira (possivelmente, muitos descendentes de italianos nascidos no Brasil), 42% era italiana, além de outras nacionalidades, como portugueses, sírios, alemães e japoneses. Nesse mesmo ano, entre o público pagante e aquele atendido gratuitamente, verifica-se um equilíbrio: 50,3% dos atendimentos foram gratuitos, contra 49,7% de atendimentos pagos.

Desde o início de suas atividades, o hospital enfrentou dificuldades econômicas; na década de 1940, a situação se agravou.[25] As novas gerações de filhos e netos de italianos diminuíram suas doações ao hospital, este "[...] se tornou continuamente dependente do repasse dos recursos oficiais para a sua manutenção (até chegar a 80% do total a partir de meados da década de 1970), o que provocou a decadência financeira da Società" (Kikuchi, 1997, p. 148). A maioria dos atendimentos do hospital passou a ser "gratuita", custeada por verbas governamentais, que eram repassadas ao hospital através do Inamps (Instituto Nacional de Assistência Médica da Previdência Social).

---

[24] No processo de tombamento do complexo pelo Condephaat aparecem arrolados os seguintes prédios: Pavilhão Administrativo, Casa de Saúde Francisco Matarazzo, Capela Santa Lucia ou Luzia, Casa de Saúde Ermelino Matarazzo, Pavilhão de Enfermarias, Prédio de Ambulatórios (com áreas expandidas, construídas, ampliadas ou reformadas), que, após 1926, passou a se chamar Pavilhão Vitório Emanuele III, Maternidade Condessa Filomena Matarazzo, Clínica Pediátrica Amelia de Camillis e estacionamento. Condephaat. Processo 23.374/1985, Registrado no Livro Tombo n. 255, de 23 de janeiro de 1987.

[25] Nos primeiros anos do hospital, a família Matarazzo foi grande benemérita; porém, as Indústrias Reunidas Francisco Matarazzo entraram em crise, a ajuda passou a acontecer por meio de empréstimos, e não mais de doações. A sociedade mantenedora da instituição contraiu dívidas, em especial com o grupo Matarazzo; como garantia de pagamento, foi hipotecada parte dos prédios do hospital, ainda em funcionamento. A crise do hospital se agravou durante a década de 1980, e parte dessa crise pode ser relacionada aos problemas econômicos enfrentados pelas IRFM.

Em janeiro de 1985, a imprensa paulistana denunciava as "fraudes no Hospital Matarazzo contra o INAMPS", desencadeando um escândalo que atingiu o hospital e levou ao seu descredenciamento, com o fim do repasse de verbas do Inamps. A diminuição da receita agravou a crise financeira (a dívida calculada era de Cr$ 12,5 bilhões, sendo Cr$ 4,5 com os salários atrasados de médicos e funcionários[26] e Cr$ 8 bilhões devidos para fornecedores) e impediu a continuidade do atendimento de pacientes, levando ao encerramento das atividades em março de 1986 (Folha de S. Paulo, n. 20.782, 1986).

> O estoque de medicamentos do hospital só dá para mais uma semana. Com 584 leitos e responsável pelo atendimento de cerca de 35 mil pessoas por mês (sendo 85% através do Inamps), o hospital enfrenta uma das mais sérias dificuldades financeiras de seus 82 anos de funcionamento. Na última terça-feira, o pronto-socorro foi fechado, o hospital passou a atender apenas emergências e 170 pacientes tiveram alta ou foram transferidos. (Folha de S. Paulo, n. 20.779, 1986).

Depois de cinco meses fechado, em julho de 1986, o Hospital foi reaberto, em uma cerimônia que contou com a presença do governador Franco Montoro e do presidente do Inamps, Hésio Cordeiro. Em outubro de 1986, passou a ser novamente conveniado ao Inamps e, com a ativação dos repasses, pôde voltar a atender a população (mais de 400 leitos e internando mais de 2 mil pacientes por mês) (O Estado de S. Paulo, n. 34.453, 1987; O Estado de S. Paulo, n. 34.250, 1986).

A reabertura envolveu mudanças: retornou ao nome original Hospital Umberto I, ocorreu a assinatura pelo governador do tombamento pelo Condephaat, a renovação do Estatuto com a formação de um Conselho Diretor, composto de "representantes do Estado, Prefeitura, INAMPS, Associação de Médicos e Funcionários e Sociedade Beneficente" (O Estado de S. Paulo, n. 34.177, 1986). A crise parecia sanada, mas só momentaneamente, porque os problemas financeiros se agravaram, culminando com o encerramento definitivo da instituição, em outubro de 1993.

Depois do encerramento do hospital, os prédios ficaram abandonados, até que, em novembro de 1996, foram comprados pela Previ (Caixa de Previdência dos Funcionários do Banco do Brasil), numa transação no valor de R$ 42 milhões. Houve muita especulação sobre o que aconteceria com as edificações e se seria retomada a sua atividade hospitalar.

---

[26]   A situação dos funcionários era difícil diante dos atrasos no pagamento dos salários, levando à sua organização com manifestações e paralisação de atividades.

A Previ tinha planos para a área e fez tentativas de modificar o tombamento (1985); contudo, o empreendimento planejado não se viabilizou. Várias notícias foram veiculadas, como a possibilidade de compra pela Fundação Zerbini, mantenedora do InCor (2005); também, foi noticiado o interesse de compra pela Fundasp, mantenedora da PUC-SP (2010). Em 2012, o Grupo Allard adquiriu os edifícios do antigo hospital, por R$ 117 milhões,[27] pretendendo construir um complexo luxuoso (depois denominado "Cidade Matarazzo").[28]

Tombamento: memória *versus* gentrificação

O processo de tombamento do Hospital Matarazzo teve início com o pedido de autorização de demolição de parte dos prédios (processo n. 23.107/1984), que foi encaminhado pelo próprio hospital, visando à construção de edifícios de escritórios, consultórios, hotel e shopping center, incluindo um estacionamento no subsolo. Para tanto, seria demolida uma área de 9.869,86 m², que incluía quatro unidades: as Casas de Saúde Francisco e Ermelino Matarazzo, o Pavilhão Administrativo e os prédios de cozinha, lavanderia e refeitório. Esse pedido foi negado (em abril de 1985),[29] dando início ao processo de estudos de tombamento pelo Condephaat, sustando qualquer alteração nos edifícios até o encerramento dos trâmites.

De acordo com o estudo, o tombamento do Hospital Matarazzo se justificava pela sua identificação enquanto **patrimônio de memória da imigração italiana** para São Paulo, observando-se aspectos histó-

---

[27] Os edifícios foram comprados pela Previ em 1996, por R$ 42 milhões; depois de 16 anos, foram vendidos por R$ 117 milhões, gerando para a Previ um lucro de R$ 75 milhões.

[28] Entre o encerramento do hospital (1993) e a inauguração do "Cidade Matarazzo" (2022), nos edifícios abandonados ocorreram manifestações pela reabertura do hospital, protestos dos funcionários que ficaram sem receber seus salários (1994) e invasão do Movimento Fórum dos Cortiços, filiado à União dos Movimentos por Moradia (1998). Sucederam atividades culturais como a encenação do espetáculo teatral "O livro de Jó" (1994 e 2002), exposições de artes "No existem los limites" (1996) e "Made by... Feito por Brasileiros" (2011), edição da Casacor (2003), desfile de moda (2005) e o show musical Rock na Cidade (2015).

[29] Negativa se justificava pela Lei n. 8.328 de dezembro de 1975 da prefeitura de São Paulo, que estabelecia zonas de uso e incluía a preservação de imóveis de caráter histórico, artístico e cultural. De acordo com a medida, a Capela e a Maternidade foram classificadas como P1 (preservação integral), os edifícios do Pavilhão Administrativo, as Casas de Saúde Francisco e Ermelino Matarazzo, o Pavilhão Pediátrico e o Pavilhão Vitorio Emanuelle III e os corredores entre os edifícios como P2 (preservação de fachadas, coberturas e gabaritos); foram classificados com grau de preservação P3 (em que se mantém preservada a volumetria dos edifícios) os edifícios restantes, cozinha, lavanderia e refeitório, Clínica Amélia de Camillis, novo prédio hospitalar, lanchonete, lojas e estacionamento.

ricos (chegada de imigrantes, associações beneficentes, questões de saúde e história do hospital), características arquitetônicas e graus de conservação das edificações. Nas conclusões, afirmava-se a relevância do conjunto:

> - É um remanescente altamente representativo das instituições organizadas pela parcela mais significativa dos imigrantes fixados na cidade de São Paulo, os italianos;[30]
> - Exerceu papel de destaque no atendimento médico-hospitalar da população trabalhadora da cidade, especialmente no período em que a assistência pública era deficitária;
> - Desenvolveu uma qualidade de atendimento que o fez ser também procurado — em especial a maternidade — pela população de médio e alto poder aquisitivo;
> - Destacou-se como espaço de formação profissional e de estudo da ciência médica;[31]
> - Teve papel pioneiro em algumas atividades hospitalares. (São Paulo/ Condephaat, Processo n.º 23.374/85, 1985).

O estudo também destacava que, apesar da falta de homogeneidade dos edifícios (devido às diversas reformas e construções realizadas com o passar dos anos), vários prédios que o projeto de construção pretendia demolir **não** estavam descaracterizados (Rodrigues, 1996, p. 195). Em 19 de maio de 1986, o colegiado do Condephaat **aprovou** a proposta de tombamento, que foi assinada pelo então presidente do órgão, Modesto de Souza Barros Carvalhosa, e, posteriormente, referendada pelo então governador do estado, Franco Montoro.[32]

Com o encerramento das atividades do hospital (1993), foi feita uma nova proposta de intervenção, seguida de um pedido para revisão do tombamento, que foi **aprovado** pelo Condephaat. A reação veio com

---

[30] A revisão do tombamento, em seu art. 4º, inciso XIII, previa um espaço para exposição de documentos a respeito da história do hospital que estivesse em local público: "A fim de preservar o potencial de evocação da memória das atividades desenvolvidas no hospital, desde a constituição da associação de Ajuda Mútua da colônia italiana em sua origem na Rua Major Diogo, até o local de nascimento de gerações de paulistas, a Maternidade, passando pela dinâmica de crescimento e transformação do conjunto, deve-se prever, no interior de um ou mais pavilhões tombados, área(s) com possibilidade de fruição pública para exposição permanente de documentação relativa à sua história" *Cf.*: São Paulo, Condephaat. Processo 68.714/2013. São Paulo, 2013.

[31] A associação científica ARS Médicas, fundada pelo Dr. Alfonso Bovero em 1923, funcionou nas instalações do Hospital.

[32] O estudo de tombamento teve início com o processo n. 23.374 de 1985, que foi finalizado pela resolução n. 29 de 30 de julho de 1986, posteriormente revogada em 1993. Registrado no Livro Tombo n. 255, de 23 de janeiro de 1987.

a mobilização da vizinhança através de associações de moradores, que iniciaram Ação Civil Pública para impedir a demolição, alegando que o conjunto deveria ser preservado.[33] Em 2004, o juiz da 5ª Vara da Fazenda Pública anulou a revisão de tombamento e proibiu quaisquer modificações e construções (O Estado de S. Paulo, n. 40.532, 2004).

Se a ação de tombamento visava garantir a preservação, seu efeito acabou levando ao abandono e à deterioração do conjunto, já que não houve nenhum tipo de intervenção das instituições envolvidas, o que leva a crer que a preservação não era uma questão relevante. A situação dos prédios tornou-se precária, conforme matéria no jornal O Estado de S. Paulo:

> É uma das joias arquitetônicas de São Paulo, tombado tanto pelo conselho de patrimônio público municipal quanto pelo órgão estadual. Mas isso não impediu a degradação — há pedaços inteiros de forro no chão, além de um sem-número de goteiras em quase todos os cômodos. Equipamentos hospitalares se amontoam em alguns cantos, juntando pó e servindo de abrigo para ratazanas. Parte do teto está ruindo. E qualquer vislumbre da imponência de outrora está sendo destruído a olhos vistos por infiltrações e rachaduras. (O Estado de S. Paulo, n. 42.127, 2009).

As questões retornam com a aquisição do conjunto do antigo hospital pelo Grupo Allard (2012), que propunha construir um complexo, denominado "Cidade Matarazzo", que previa a demolição dos prédios "considerados de menor importância patrimonial". Em agosto de 2013, o grupo teve sua proposta de intervenção negada, dando início a um novo processo de **revisão do tombamento**, que foi **aprovada**, apresentando como justificativa o "histórico de abandono da área e o estado de conservação precário" (novembro/2013).[34]

---

[33] Juntamente com o processo do Condephaat, e visando manter o patrimônio preservado, em várias ocasiões associações de moradores (Sociedade dos Amigos e Moradores do Cerqueira César) entraram com uma ação civil pública de impedimento das demolições e de novas construções. Possíveis obras e alterações no patrimônio também teriam de ser analisadas pelo Conpresp (Conselho Municipal de Preservação do Patrimônio Histórico, Cultural e Ambiental da Cidade de São Paulo).

[34] A resolução final, publicada no Diário Oficial, realizou alterações no tombamento, permitindo assim a construção. O fim do impedimento ocorreu por meio da assinatura de um Termo de Ajustamento de Conduta (TAC), que extinguiu a ação civil pública movida pelas associações de moradores. As obras foram liberadas ante o compromisso do grupo de só fazer alterações e intervenções no local respeitando as normas de tombamento. São Paulo, Condephaat. Processo n. 68.714/2013. 2013. Diário Oficial do Estado de São Paulo, n. 37, fev. 2014.

O estudo da revisão discordava do tombamento original em vários aspectos de classificação das construções, tratava-se de um total de 11 edifícios de diferente relevância; assim, justificava-se que todos os prédios classificados com Grau de Preservação P3 no processo anterior (1986) fossem "destombados", podendo ser demolidos. As únicas concordâncias de preservação integral foram a Capela e parte do prédio da Maternidade (Londres, 2007; Watanabe, 2016).

Para a Capela, a resolução de 2014 manteve a preservação de fachadas, volumetria e áreas internas, enquanto na Maternidade Condessa Filomena Matarazzo "a proteção recai sobre fachadas e volumetria do corpo principal simétrico, o espaço do saguão do térreo, o esquema de circulação em 'U' de ambos os pavimentos e o busto[35] de mármore de D. Filomena Matarazzo" (Diário Oficial de São Paulo, n. 37, 2014).

Circularam na imprensa várias matérias sobre a obra, prioritariamente sobre a Capela, que, devido às escavações para construção de vários subsolos, utilizou de tecnologia inovadora. As matérias destacavam a segurança e a preocupação das obras e os cuidados no processo de restauro. A Capela foi o primeiro edifício a ser inaugurado, em 2021.

> Para evitar qualquer rachadura, a escavação das colunas não foi feita com bate-estacas, mas sim com uma perfuratriz de baixa percussão, da maneira mais lenta possível [...] "o resultado é impecável. Apesar da estrutura de tijolos antigos, não houve absolutamente nenhum dano." [...] O altar também seria removido, mas os engenheiros temeram danos ao mármore e preferiram instalar sob ele uma laje adicional de sustentação. (Folha de S. Paulo, n. 32.600, jul. 2018).

---

[35] O busto foi esculpido como forma de homenagear a doadora do prédio da Maternidade e, depois da criação do Cidade Matarazzo e da restauração, passou a integrar a decoração do restaurante Taraz, localizado no andar térreo do hotel, onde anteriormente era o hall da Maternidade.

Figura 3 – Capela "suspensa" para a construção dos subsolos

Fonte: Mauro (2018)

Figura 4 – Desenho da fachada da Capela, 1921

Fonte: Arquivo Histórico Municipal de São Paulo — Obras Particulares, Caixa R 5

Figura 5 – Fachada da Capela depois do restauro

Fonte: O Estado de S. Paulo (16/11/2021)

Além da expressividade arquitetônica dos edifícios, não se deve esquecer sua importância no atendimento aos doentes e o papel de destaque para a maternidade, já que "todo patrimônio material tem uma dimensão imaterial de significado e valor" (Meneses, 2009, p. 25-39).

> O cotidiano e as vivencias atribuídas à materialidade de uma organização hospitalar criaram uma rede de significados que fazem com que a dinâmica exercida em suas dependências extrapole seus limites arquitetônicos e a coloque no campo histórico, social e cultural, repleto de aspectos materiais e imateriais, tornando-a remanescente do passado em cujo valores se alicerça sua preservação. (Figueiredo, 2018).

A revisão do tombamento pelo Condephaat, que viabilizou a construção do "Cidade Matarazzo", priorizou a conservação física de alguns edifícios, revelando descaso para com o impacto social da eliminação do hospital sobre a população que dependia do seu atendimento e não adotando uma postura "preservacionista voltada para a memória".

Figura 6 – Vista contemplando antigos e novos edifícios[36]

Edifício A - "Torre Mata Atlântica" (nova construção) / Edifício B - Edifício Ayahuasca ou Rio Claro (nova construção) / Edifício C - Maternidade Condessa Filomena Matarazzo ou Hotel Rosewood (restauro e construção do anexo) / Edifício D - Capela Santa Luzia (restauro)

Fonte: D'Amaro (2022)

Observa-se na imagem aérea do complexo finalizado a antiga Maternidade restaurada e requalificada (C) e a Capela restaurada (D), bem como os dois edifícios novos que foram construídos: ao fundo, a Torre Mata Atlântica (A), com 25 andares, ultrapassa a altura da Maternidade e se sobrepõe ao antigo edifício; e o edifício Ayahuasca (B), de arquitetura moderna, com uso de muito vidro e cores escuras, contrastando com os prédios antigos.

> O processo contemporâneo de espetacularização das cidades é indissociável dessas estratégias de marketing urbano, ditas de revitalização, que buscam construir uma nova imagem para a cidade, que lhe garanta um lugar na nova

---

[36] Foto: Andre Klotz para o site Casa Vogue. *Cf.*: D'AMARO, Vanessa. Jean Nouvel assina torre Mata Atlântica para Rosewood São Paulo, na Cidade Matarazzo. *Casa Vogue*, Arquitetura, 2 mai. 2022. Disponível em: https://casavogue.globo.com/Arquitetura/noticia/2022/05/jean-nouvel-assina-torre-mata-atlantica-para-rosewoo-d-sao-paulo-na-cidade-matarazzo.html.

> geopolítica das redes internacionais. Nessa nova lógica de consumo cultural urbano, as grandes vedetes são tanto os novos equipamentos culturais, as franquias de museus com suas arquiteturas monumentais de "grife" de arquitetos do "star system" internacional — cada vez mais especulares e visados pela mídia e pela indústria do turismo —, que passam assim a ser âncoras de megaprojetos urbanos inseridos nos novos planos estratégicos [...] tanto a cultura quanto a cidade passaram a ser consideradas como mercadorias, manipuladas como imagens de marca. A competição entre cidades por turistas ou empreendedores estrangeiros é acirrada e as municipalidades se empenham para melhor vender a imagem de marca da sua cidade, em detrimento das necessidades da própria população local, ao privilegiar basicamente o visitante estrangeiro, através de seu maior chamariz, o espetáculo. O patrimônio cultural urbano passa, assim, a ser visto como uma reserva, um potencial de espetáculo a ser explorado. (Jacques, 2003).

Os interesses econômicos prevaleceram sobre os preservacionistas.

> A ação privada em relação ao patrimônio está regida, assim como em outros âmbitos, pelas necessidades de acumulação econômica e reprodução da força de trabalho. Frequentemente, está tendência leva à exploração indiscriminada do ambiente natural e urbano, à expansão voraz da especulação imobiliária e do transporte privado, em detrimento dos bens históricos e do interesse das maiorias. (Canclini, 1994).

As modificações feitas em um bem tombado podem ocorrer para restaurar, considerando que, "mais que testemunha do passado, o patrimônio é um retrato do presente" (Rodrigues, 1996, p. 195), mas em muitos casos elas vêm acompanhadas de maiores modificações, já que a requalificação dos bens expressa novas preocupações de determinado momento histórico.

Numa trajetória de mais de cem anos, as mudanças sociais e físicas da cidade, do entorno do Hospital Matarazzo e dos interesses urbanos levaram a um novo aproveitamento do terreno. Apesar das diferenças físicas já apontadas, as principais mudanças estão relacionas ao uso e aos usuários desse bem, que podem ser observadas a partir da categoria gentrificação, baseada nas diferentes dimensões da "produção do espaço gentrificável", em que os novos usos geram a valorização do espaço, com a "elitização social com expulsão de grupos vulneráveis", que modifica a utilização por outra mais valorizada (economicamente) e, por último, gera a "transformação na paisagem constituída", ligada a renovações, transformações, novas construções e usos (Bataller, 2012; Siqueira, 2014).

> [...] gentrificação é um processo de redesenvolvimento urbano que leva à elitização social e expulsão de grupos vulneráveis. Por um lado, ela é baseada no processo de criação destrutiva do espaço urbano para a promoção de um novo arranjo socioespacial que privilegia usos e usuários ligados à economia neoliberal. Por outro, processos de gentrificação estão baseados no consumo de estilos de vida, desenhos urbanos e projetos arquitetônicos apoiados em um novo padrão sociocultural pós-moderno. Entretanto, o processo leva à expulsão de usos e usuários que não interessam a esse novo arranjo de atividades de produção, consumo e reprodução social. (Siqueira, 2014).

No caso do Cidade Matarazzo, contempla, entre outros equipamentos, um hotel que prioriza uma clientela elitizada e diferente dos antigos usuários do hospital.[37] O novo empreendimento promoveu ainda mais a valorização da região, elevando os valores imobiliários na área. Essa ressignificação foi justificada sob o pretexto de criação de empregos, geração de impostos, atração de turistas e promoção de atrações culturais. Entretanto, não excluindo um campo de disputas entre a preservação do patrimônio histórico e a modernização (Benhamou, 2017).

> Com frequência, se engendram esforços para que esse patrimônio cultural seja aberto a algum tipo de divulgação maior. Buscam-se modos de aproveitar esse acervo de maneiras mais abrangentes, que atinjam um maior número de pessoas; formas de tornar acessível a um público comum, não acadêmico, um tipo de patrimônio e de informação que, de início, seria uma espécie de propriedade intelectual dos especialistas — como encarregados de identificar o patrimônio histórico e recomendar os melhores modos de sua

---

[37] As diárias do Hotel Rosewood variam entre R$ 4.700,00 e R$ 18.000,00. Valores obtidos no site, em maio de 2024. *Cf.*: ROSEWOOD SÃO PAULO. Accommodation. c.2023. Disponível em: https://www.rosewoodhotels. com/en/sao-paulo/accommodation?group=suites. A empresa responsável pelo empreendimento colocou à venda para investidores 71 unidades do hotel, o valor de compra era de R$ 39.000,00 o metro quadrado (m²), que deveria ser acrescido de R$ 9.000,00 por m² para a decoração do ambiente. O valor total das unidades podia variar entre R$ 2.600.000,00 e R$ 7.760.000,00, dependendo do tamanho. BM EMPREENDIMENTOS E PARTICIPAÇÕES SPE S.A.; ISM GERENCIADORA DE EMPREENDIMENTOS IMOBILIÁRIOS LTDA. Prospecto resumido referente à oferta pública de distribuição de contratos de investimento coletivo em suítes do empreendimento imobiliário denominado "Cidade Matarazzo" ("Prospecto"). São Paulo, 2018. Disponível em: https://info.cidadematarazzo.com.br/.

preservação. Em vez disso, pretende-se ampliar o acesso a estas informações, ou a uma parte delas, a um público que, de outro modo, seria privado desses bens culturais. (Albiere, 2011).

Considerações finais

As celebrações (nesse caso, dos 150 anos da imigração italiana) são portadoras de sentidos, permitindo perceber as construções do passado que materializam a memória em espaços eleitos — "lugares da memória", enraizada em construções e monumentos, buscando a perpetuação voluntária ou involuntária de territórios afetivos —, âncoras da memória coletiva (Le Goff, 1996).

Esta pesquisa buscou rastrear aspectos da história do antigo Hospital Matarazzo, desde a criação da Sociedade Italiana de Beneficência de São Paulo (1878) até o encerramento das suas atividades (1993), priorizando as disputas em torno da preservação e da construção do "Cidade Matarazzo", observando os motivos do tombamento pelo Condephaat (1986, considerado patrimônio histórico ligado à comunidade italiana na cidade), os anos de abandono/deterioração do conjunto e a revisão do tombamento. Apesar de o hospital ser considerado um dos

> [...] edifícios que, valendo-se do sublime, se impõem de forma imediata. Mas essa situação é rara. A arquitetura é a única, entre as artes maiores, cujo uso faz parte de sua essência e mantem uma relação complexa com suas finalidades estética e simbólica, mais difícil de apreender no caso dos edifícios históricos que se tornam órfãos da destinação prática que lhes deu origem. (Choay, 2017, p. 230).

O percurso entre a fundação do Hospital Matarazzo e a construção do "Cidade Matarazzo" insere-se num campo de disputas entre preservação da memória *versus* requalificação/ressignificação do bem tombado, enfatizando os conflitos entre salvaguarda do patrimônio histórico e da memória e as transformações, destacando-se que, nesse caso, a gentrificação levou a ressignificações desse território urbano, tendo como vetor a elitização dos seus espaços.

> Uma nova "gentrificação complexa" e institucional inaugura agora uma renovação urbana de dimensão classicista. Essa gentrificação classicista complexa conecta o mercado financeiro mundial com os promotores imobiliários (grandes ne

médios), com o comercio local, com agentes imobiliários e com lojas de marcas, todos estimulados pelos poderes locais, para os quais os impactos sociais serão doravante mais asseguradas pelo mercado do que por sua própria regulamentação; a lógica do mercado, e não mais os financiamentos dos serviços sociais, é o novo *modus operandi* das políticas públicas. (Smith, 2007).

Referências

AGULHON, Maurice. *Histoire vagabonde*. v. 1. Paris: Gallimard, 1988.

ALBIERE, Sara. História pública e consciência histórica. *In*: ALMEIDA, Juniele Rabêlo; ROVAI, Marta Gouveia de Oliveira. *Introdução à história pública*. São Paulo: Letra e Voz, 2011.

ALBUQUERQUE JR., Durval Muniz de. *A invenção do Nordeste e outras artes*. São Paulo: Cortez, 2009.

ALMEIDA, Mateus Fernandes de Oliveira. *Associativismo, proteção social e poder público no Segundo Reinado*: mutuais e beneficentes na pluralização do espaço público da Corte (1860-1882). Tese (Doutorado em História) — PUC/SP. São Paulo, 2014.

BANDEIRA JR., Antonio Francisco. *A indústria no estado de São Paulo em 1901*. São Paulo: Typ. do "Diario Official", 1901.

BASSANEZI, Maria Silva; SCOTT, Ana Silvia; TRUZZI, Oswaldo; BACELLAR, Carlos Almeida Prado *Atlas da Imigração internacional em São Paulo — 1850-1950*. São Paulo: Edunesp/Fapesp, 2008.

BATALLER, Maria Alba Sargatal. O estudo da gentrificação. *Revista Continentes*, n. 1, p. 9-37, 2012.

BENHAMOU, Françoise. *Economia do patrimônio cultural*. São Paulo: Edições Sesc, 2017.

BIONDI, Luigi. *Classe e Nação*: Trabalhadores e Socialistas Italianos em São Paulo, 1890-1920. Campinas, SP: Editora da Unicamp, 2011.

BIONDI, Luigi. Mãos unidas, corações divididos. As sociedades italianas de socorro mútuo em São Paulo na Primeira República: sua formação, suas lutas, suas festas. *Tempo*, v. 18, p. 75-104, 2012.

BIONDI, Luigi. Identidades e atuação política dos imigrantes italianos em São Paulo entre 1880 e 1920: uma experiência transnacional. *In*: MATOS, Maria Izilda de *et al.* (org.). *Italianos no Brasil*: história, presença e cultura. São Paulo: e-Manuscrito, 2020, p. 91-101.

CANCLINI, Néstor Garcia. O patrimônio cultural e a construção do imaginário nacional. *Revista do Serviço do Patrimônio Histórico e Artístico Nacional*, v. 23, p. 94-115, 1994.

CARELLI, Mário. *Carcamanos & Comendadores*: os italianos de São Paulo da realidade à ficção 1919-1930. São Paulo: Ática, 1985.

CENNI, Franco. *Italianos no Brasil*: "andiamo in'Merica". São Paulo: Edusp, 2003.

CHOAY, Françoise. *A alegoria do patrimônio*. São Paulo: Editora Unesp, 2017.

COUTO, Ronaldo Costa. *Matarazzo*: colosso brasileiro. v. 2. São Paulo: Planeta, 2004.

D'AMARO, Vanessa. Jean Nouvel assina torre Mata Atlântica para Rosewood São Paulo, na Cidade Matarazzo. *Casa Vogue*, Arquitetura, 2 mai. 2022. Disponível em: https://casavogue.globo.com/Arquitetura/noticia/2022/05/jean-nouvel-assina--torre-mata-atlantica-para-rosewood-sao-paulo-na-cidade-matarazzo.html.

FERRERO, Gina Lombroso. Nell'America Meridionale. *In*: BRUNO, Ernani Silva *Memória da cidade de São Paulo*. São Paulo: Departamento do Patrimônio Histórico, 1981.

FIGUEIREDO, Cybelle Alessandra Rodrigues. Arquitetura da Saúde como patrimônio: Hospital D. Luiz I da Benemérita Sociedade Portuguesa Beneficente do Pará. *In*: FIGUEIREDO, Aldrin; MIRANDA, Cybelle Salvador; COSTA, Renato da Gama-Rosa (org.). *Hospitais e Saúde no Oitocentos*: diálogos entre Brasil e Portugal. Rio de Janeiro: Fiocruz, 2018.

FRANCHINI, Fernanda. *Entre Vargas e Mussolini*: a nacionalização do Instituto Médio Ítalo-Brasileiro Dante Alighieri. Dissertação (Mestrado em Educação) — USP. São Paulo, 2015.

GONÇALVES, Paulo Cesar. *Mercadores de braços*: riqueza e acumulação na organização da emigração europeia para o Novo Mundo. São Paulo: Alameda, 2021.

GUEDES, Claudia Maria; ZIEF, Susan Gail; NEGREIROS, Plinio José Labriola. Clubes de imigrantes em São Paulo-SP. *In*: DACOSTA, Lamartine (org.). *Atlas do Esporte no Brasil*. Dante Gastaldon, 2006.

HALL, Stuart. *A identidade cultural na pós-modernidade*. Rio de Janeiro: DP&A, 2005.

JACQUES, Paola Berenstein. Patrimônio cultural urbano: espetáculo contemporâneo? *RUA*: Revista de Urbanismo e Arquitetura, v. 6, n. 1, 2003.

KIKUCHI, Mário Yasuo. *Concepção de beneficência*: o caso da Socièta Italiana di Bebeficenza in San Paolo Ospedale Umberto I. Tese (Doutorado em Sociologia) — USP. São Paulo, 1997.

LACAZ, Carlos da Silva. *Médicos italianos em São Paulo*. Trajetória em busca de uma nova pátria. São Paulo: Aquarela, 1989.

LONDRES, Maria Cecília. Patrimônio cultural: por uma abordagem integrada (considerações sobre materialidade e imaterialidade na prática da preservação). *Caderno de Estudos do PEP*: Contribuição dos palestrantes da 1ª Oficina PEP 2007, Vassouras. CPDOC/IPHAN/UNESCO, 2007.

LUCA, Tania R. *O sonho do futuro assegurado*: o mutualismo em São Paulo. São Paulo: Contexto, 1990.

MARTINS, José de Souza. *Conde Matarazzo, o empresário e a empresa*: estudo de sociologia do desenvolvimento. São Paulo: Hucitec, 1974.

MATOS, Maria Izilda de; MENEZES, Lená Medeiros de; GOMES, Edgar da Silva; PEREIRA, Syrléa Marques (org.). *Italianos no Brasil*: história, presença e cultura. São Paulo: e-Manuscrito, 2020.

MAURO, Fillipe. Igreja 'flutua' a 31 m para ser preservada em obra na região da Paulista. Folha de S. Paulo, Cotidiano, 5 jul. 2018. Disponível em: https://www1.folha.uol.com.br/cotidiano/2018/07/igreja-flutua-a-31-m-para-ser-preservada-em-obra-na-regiao-da-paulista.shtm

MENESES, Ulpiano Toledo Bezerra de. O campo do patrimônio cultural: uma revisão de premissas. *I Fórum Nacional do Patrimônio Cultural*, Ouro Preto, v. 1, p. 25-39, 2009.

NORA, Pierre. Entre memória e história: a problemática dos lugares. *Projeto História*, São Paulo, n. 10, p. 7-28, dez. 1993.

RODRIGUES, Marly. *Alegorias do passado*: a instituição do patrimônio em São Paulo, 1969-1987. Tese (Doutorado em História) — Unicamp, Instituto de Filosofia e Ciências Humanas. Campinas, 1994.

RODRIGUES, Marly. De quem é o Patrimônio? Um olhar sobre a prática pre-servacionista em São Paulo. *Revista do Serviço do Patrimônio Histórico e Artístico Nacional*, v. 24, 1996.

SALLES, M. Rosário R. Os médicos italianos em São Paulo (1890-1930): um projeto de ascensão social. *Revista Brasileira de Estudos de População*, São Paulo, v. 13, n. 1, p. 43-65, 1996.

SIQUEIRA, Marina Toneli. Entre o fundamental e o contingente: dimensões da gentrificação contemporânea nas operações urbanas em São Paulo. *Cadernos Metrópole*, v. 16, p. 391-416, 2014.

SMITH, Nell. A gentrificação generalizada: de uma anomalia local à "regeneração" urbana como estratégia urbana global. *In*: BIDOU-ZACHARIASEN, Catherine *et al. De volta à cidade*. Dos processos de gentrificação às políticas de "revitalização" dos centros urbanos. São Paulo: Annablume, 2007.

TOLEDO, Edilene. *Anarquismo e Sindicalismo Revolucionário*: trabalhadores e militantes em São Paulo na Primeira República. São Paulo: Fundação Perseu Abramo, 2004a.

TOLEDO, Edilene. *Travessias Revolucionárias*: ideias e militantes sindicalistas em São Paulo e na Itália (1890-1945). Campinas: Editora da Unicamp, 2004b.

TRENTO, Ângelo. *Do outro lado do Atlântico*: um século de imigração italiana no Brasil. São Paulo: Editora Unesp, 2022.

TRUZZI, Oswaldo. Redes em processos migratórios. *Tempo social*, v. 20, p. 199-218, 2008.

TRUZZI, Oswaldo. *Italianidade no interior paulista*: percursos e descaminhos de uma identidade étnica (1880-1950). São Paulo: Editora Unesp, 2018.

WATANABE, Elisabete Mitiko. Condephaat: Revisão do tombamento do Hospital Umberto I. *VIII Seminário Nacional do Centro de Memória*, 2016.

Fontes:

Arquivo Histórico Municipal de São Paulo — Obras Particulares, Caixa R 5.

Boletim do Departamento Estadual do Trabalho, (1-2), 4º trimestre e 1º trimestre 1911-1912.

CORREIO PAULISTANO. São Paulo, n. 19.354, 28 mai. 1917.

CORREIO PAULISTANO. São Paulo, n. 22.222, 8 jun. 1925.

DIÁRIO OFICIAL DO ESTADO DE SÃO PAULO. São Paulo, v. 124, n. 37, 22 fev. 2014.

E. E. Dra. Maria Augusta Saraiva. **A escola em 1907**. Revista, 28 abr. 2014. Disponível em: http://eedramariaaugustasaraiva.blogspot.com/2014/04/blog-post.html. Acesso em 15 ago. 2024.

FOLHA DE S. PAULO. São Paulo, ano 66, n. 20.779, 22 fev. 1986.

FOLHA DE S. PAULO. São Paulo, ano 66, n. 20.782, 26 fev. 1986.

FOLHA DE S. PAULO. São Paulo, ano 98, n. 32.600, 5 jul. 2018.

O ESTADO DE S. PAULO. São Paulo, ano 107, n. 34.177, 31 jul. 1986.

O ESTADO DE S. PAULO. São Paulo, ano 107, n. 34.250, 24 out. 1986.

O ESTADO DE S. PAULO. São Paulo, ano 108, n. 34.453, 24 jun. 1987.

O ESTADO DE S. PAULO. São Paulo, ano 125, n. 40.532, 7 out. 2004.

O ESTADO DE S. PAULO. São Paulo, ano 130, n. 42.127, 18 fev. 2009.

SÃO PAULO (Estado). Secretaria de Estado da Cultura. Condephaat. Unidade de Preservação do Patrimônio Histórico. Processo 23.374/85. São Paulo, 1985.

SÃO PAULO (Estado). Secretaria de Estado da Cultura. Condephaat. Unidade de Preservação do Patrimônio Histórico. Processo 68.714/2013. São Paulo, 2013.

CAPÍTULO 3

O CERNE DA NACIONALIDADE: EUCLIDES DA CUNHA E A CONSTRUÇÃO NARRATIVA DE CANUDOS (1897-1902)

Gabriel Kenzo Soeda
Alberto Luiz Schneider

> A campanha de Canudos tem por isto a significação inegável de um primeiro assalto, em luta talvez longa. [...] tivemos na ação um papel singular de mercenários inconscientes. [...] Aquela campanha lembra um refluxo para o passado. E foi, na significação integral da palavra, um crime. Denunciemo-lo. (Cunha, 2018 [1902], p. 66-67).

> Todos os prisioneiros válidos feitos ao longo da guerra tinham sido manietados e degolados, desde o início, ante a vista dos generais. É essa reviravolta de opinião que Os sertões expressará cinco anos mais tarde, quando de sua publicação, vindo a ser o maior mea culpa da literatura brasileira. (Galvão, 1994).

> Pois bem, o ideólogo republicano e cientificista de Euclides da Cunha, repleto de preconceitos racistas, cada vez mais cede lugar, no decorrer das descrições e narrações do seu livro, ao observador direto e empático, ao "narrador sincero", que representa a realidade social e histórica por meio de um "consórcio da ciência e da arte", tendendo cada vez mais para essa última. (Zilly, 2002).

A Guerra de Canudos (1896-1897) foi, para além de um conflito bélico, uma guerra política. Grupos republicanos influentes se colidiram na capital do Rio de Janeiro durante o primeiro governo civil da República (1894-1898), espalhando suas ambições para todos os cantos do território brasileiro. A resolução de conflitos internos foi pauta fundamental para o regime republicano brasileiro dos primeiros anos, fragmentado por diversos setores de uma sociedade que se diversificava no mesmo ritmo vertiginoso das transformações urbanas do período. Dos conflitos ao sul do país até a Revolta da Armada no coração do Rio de Janeiro, o noviciado da República brasileira foi tudo, menos estável. Os chamados *jacobinos* vociferavam contra a elite paulista que sucedeu um de seus líderes, Floriano Peixoto, clamando por um projeto republicano muito mais centralizado do que o federalismo defendido pelos latifundiários paulistas que agora ocupavam a presidência. Foi nesse cenário que se deu a corrida dos "heróis republicanos", de onde Canudos figurou como a decisão final de qual projeto político dirigiria o país pelas próximas gerações. Para o vencedor, a República.

Canudos foi uma comunidade situada em Belo Monte, no interior da Bahia, onde moradores se erguiam a fim de construir um arraial que suprisse as necessidades sociais e econômicas da região. Entretanto, ao não reconhecerem o estado baiano enquanto autoridade, ao negligenciarem o governo longínquo que não os representava, os canudenses[38] se transformaram num verdadeiro *acontecimento nacional*. Sua mera existência fora transformada numa "conspiração monárquica internacional" contra a República, discurso esse amplificado pela imprensa das grandes cidades a partir de março de 1897. A causa bélica foi traçada: eliminar o inimigo para que, enfim, a República se tornasse soberana no Brasil. No dia 5 de outubro de 1897, após sucessivas derrotas de um Exército numericamente e materialmente avantajado, Canudos foi destruída e seus habitantes executados (Bartelt, 2009).

Os sertões, livro publicado em 1902, foi criação de um dos jornalistas que cobriu as duas últimas semanas do conflito. Euclides da Cunha, que fora militar, engenheiro civil e afeito às publicações de jornais desde adolescente, desejava há muito ser um *intelectual*. Em agosto de 1897, rumou para Canudos no objetivo de reportar a antecipada vitória republicana sobre os "jagunços monarquistas", mas já recolhendo também informações para sua maior criação até então: um livro de nome *A nossa Vendéia*. O livro, entretanto, não veio à luz. Ao invés, foi *Os sertões* que deu seus ares após cinco longos anos desde a queda do arraial.

O projeto inicial da obra tinha no seu título uma certeza: Canudos, assim como a Vendéia da Revolução Francesa (1793-1795), cairá diante da "República" e da "civilização". Para o discurso republicano o apelo da história francesa era enorme. Afinal, o golpe de 1889 fora antecipado em

---

[38] Sempre que estiver se referindo aos sujeitos históricos em si, o capítulo os chamará de "canudenses". Quando estiver referindo as maneiras pelas quais a narrativa euclidiana os retrata, os termos constarão em itálico (ex.: *sertanejo, jagunço*).

muito pelos republicanos, que comemoravam a virada para o ano com uma certeza: cem anos após a Revolução Francesa haveria de ter uma República no Brasil. O 15 de novembro daquele mesmo ano os gracejou com o cumprimento dessa "profecia". Agora, era a hora do paralelo da Vendéia ser enfim realizado: a execução dos canudenses passou de crime de guerra para a "realização da História", como uma certeza tão "cientificamente inevitável" quanto a gravidade.

Entretanto, se Euclides da Cunha foi um republicano convicto, sua profecia política não fora cumprida. Se o autor encontrou na Guerra de Canudos um tema, não foi a sua conclusão inicial que estampou a obra. Na antessala de *Os sertões*, a glória de republicano de que sempre se orgulhou não coroou a vitória do Exército. Ao invés, proferiu na Nota Introdutória: "*a campanha de Canudos foi um crime, denunciemo-lo*" (Cunha, 2018 [1902], p. 67).

O tema da identidade nacional brasileira pode ser cravado como o objetivo central do autor com sua criação. *Os sertões* buscou um objeto muito mais amplo do que apenas uma narrativa sincrônica da guerra, ou do que até mesmo uma ficção que tomava o canudense como personagem central. Ao invés, concentrou-se na possibilidade de pensar o porquê de a Guerra de Canudos ter se concretizado, suas causas e, principalmente, quais prognósticos para o Brasil poderiam ser tirados com seu desfecho. Através de uma imensa ramificação de conhecimentos geográficos, históricos e racialistas, Euclides da Cunha empreendeu sua denúncia como uma interpretação da condição brasileira enquanto Nação contemporânea, aos moldes políticos como a França.

É daí que surge o famoso "denunciemo-lo". De fato, a recepção euclidiana perdura há mais de um século fissurada pelo tema da consciência do autor diante do desfecho do arraial mutilado. Afinal, o que significaria a campanha ser "um crime"? Walnice Nogueira Galvão sintetizou sua conclusão com a imagem da "reviravolta de consciência", como se *Os sertões* fosse subproduto de uma testemunha histórica das brutalidades do regime republicano. Sua conclusão: a obra seria um enunciado de revolta, de onde sobressai seu papel fundamental enquanto livro da identidade nacional brasileira até a atualidade (Galvão, 1994). Roberto Ventura foi ainda mais longe, concluindo que *Os sertões* demonstra uma identificação entre o autor e as vítimas da guerra de 1897, uma vez que o autor equivale os canudenses à condição de "cerne da nacionalidade" brasileira (Ventura, 2019, p. 199).

O capítulo que aqui se desenrola buscou abordar um dos aspectos centrais da narrativa euclidiana acerca de Canudos: a condição dos canudenses enquanto *cerne da nacionalidade*. Partindo da questão originária desse tema, iniciou-se com o exame das fontes euclidianas do ano da guerra, em 1897, buscando compreender os germes que comporiam a obra de cinco anos mais tarde. Através dos meandros entre os signos *sertanejo* e *jagunço*, Euclides da Cunha inseriu o problema de Canudos investido sob a capacidade do governo republicano em proporcionar uma jurisdição calcada na totalidade de seu território. Daí o investimento, e talvez até mesmo obsessão, em jungir o "homem do sertão" ao "cerne da nacionalidade". Afinal, o que é a nacionalidade brasileira para Euclides da Cunha? E, por conseguinte, qual é a função de seu cerne? Que papel social é imposto ao canudense?

Através desse cenário, investiu-se num exame de *Os sertões* que encontrou seu objeto nas medidas preliminares de como o canudense foi nele construído. Tendo a Nota Introdutória como meio principal de análise, foram investigadas as relações de poderes inerentes ao tema, de forma a questionar essa visão mais "positiva" da obra, que enxerga no "denunciemo-lo" euclidiano uma condição de testemunho das vítimas. Ao invés, partiu-se do sentido oposto, da estreiteza com que Euclides da Cunha encara a questão, reiterando outros sentidos sob os quais é necessário repensar o tema.

O ano de 1897 em Euclides da Cunha: os elementos preliminares de *Os sertões*

Nos diversos estudos que pretendem estabelecer uma chave interpretativa para *Os sertões*, o ano de 1897 é majoritariamente compreendido como "a virada da consciência de Euclides da Cunha". O tema daria conta das transformações da visão do autor sobre o governo republicano, uma vez que a leitura comparada das fontes daquele ano com o livro revelaria uma suposta "reviravolta" em seu discurso (Galvão, 1994). Entre as fontes principais do ano da guerra constam dois artigos publicados, ambos com o nome de "A nossa Vendéia": são os primeiros textos do autor que tratam sobre a Guerra de Canudos (1896-1897). O autor também registrou reportagens e telegramas compilados sob o livro *Diário de expedição*, confeccionados durante sua viagem a Canudos entre agosto e outubro de 1897. Serão esses os objetos de análise desta seção.[39]

---

[39] Deve-se considerar que há outras fontes disponíveis, como a caderneta redigida pelo autor durante sua viagem. Entretanto, a análise deste capítulo foi restrita às fontes supracitadas.

O resultado dessa linha de pesquisa seria um contraste da expectativa republicana com sua experiência de guerra, elemento supostamente basilar para a natureza contraditória do discurso euclidiano. Conclusão: Euclides da Cunha inicialmente defenderia a República ("A nossa Vendéia"), para censurar parcialmente as atrocidades do conflito e oscilar sua posição (*Diário de expedição*) para só então "denunciar o crime" em *Os sertões*, cinco anos mais tarde. Com isso, a obra seria fruto do "desencanto republicano" do autor, expondo assim os crimes de guerra na contradição entre civilização e barbárie (Castronuovo, 2018; Pereira; Tavares, 2022; Ventura, 1994).

Logo, são estabelecidos ao menos dois princípios para uma leitura de *Os sertões*: (a) contém uma ótica fundamentalmente oposta à dos escritos de 1897, particularmente no quesito do retrato entre o governo republicano e os canudenses; e (b) de que o "cerne da nacionalidade" é um constructo suficientemente disruptivo no sentido de passar a incluir o canudense enquanto sujeito brasileiro, *i.e.*, que ocupa o território nacional e goza de seu direito de nele existir. Investiu-se assim numa leitura comparada, alegando a seguinte inversão: se anteriormente a República agiria contra o "inimigo" dentro do território nacional, ela passaria a ser o perpetrador do crime, enquanto o canudense seria elevado à condição de identidade nacional, inocentando-o.

Os artigos denominados de "A nossa Vendéia" exprimem as primeiras posições públicas do autor acerca da guerra. Impressos no jornal *O Estado de São Paulo*, eles são comumente agrupados como um bloco monolítico, uma só visão "pré-viagem" do autor ao campo de guerra, não raro depreciada pela "opinião republicana turvada" do autor sobre o jogo político em voga (Pereira; Tavares, 2022). Se a análise não é incorreta na apreciação do conteúdo, ela não é suficiente para que se compreendam quais são os primeiros elementos que compõem o tema "Canudos" em Euclides da Cunha, muito menos é capaz de responder se esses mesmos elementos estão ou não em continuidade com *Os sertões* e seu "cerne da nacionalidade".

De início, é importante frisar que a publicidade dos artigos tem uma consequência clara em seus conteúdos: a escrita de ambos "A nossa Vendéia" esteve vulnerável a um possível controle ou censura de cunho republicano, que poderia se materializar tanto na redação do próprio *Estado* como também na rejeição do público ou até mesmo em medidas mais drásticas do governo. Afinal, não só o jornal em questão se mostrava favorável ao presidente em exercício — Prudente de Morais — como o próprio clima das redações esteve acirrado nos preparativos para a quarta expedição (Ventura, 2019). Redações monarquistas foram invadidas e danificadas na semana anterior à publicação do artigo, com forte influência e participação de grupos como o Club Militar, que atestava a capilaridade do jacobinismo — ala forte em boa parte do Exército, e oposta a Morais —, que ao menos fez o próprio presidente simular um ambiente de amistosidade com membros da oposição, já que estes haviam galgado destaque com as lideranças das expedições ao front de batalha (Bartelt, 2009, p. 199).

A contextualização anterior é menos um exercício costumeiro de historiografia e mais uma forma de questionar a viabilidade de uma leitura comparada entre os "A nossa Vendéia" com *Os sertões*. De fato, são textos de contextos bem distintos, que por sua vez implicam escolhas autorais específicas para cada uma dessas fontes. O primeiro artigo — que será aqui denominado de "A nossa Vendéia I" — foi publicado no dia 14 de março de 1897, uma semana e meia após o abalo da opinião republicana sobre o fracasso da terceira expedição do Exército a Canudos, que resultou na execução do líder da expedição. Diferentemente da carta que expediu no mesmo dia em que teve seu artigo publicado, Euclides da Cunha em "A nossa Vendéia I" não critica nem o Exército e nem o governo republicano de fato (Cunha, 1897a). A carta, por outro lado, não só é enfaticamente crítica, como coloca o governo republicano como responsável pelos fracassos em nível nacional (Galvão, 1997, p. 103).

Esse posicionamento "omisso" é ainda mais drástico em "A nossa Vendéia II", publicado no dia 17 de julho de 1897. Se antes havia apenas omitido a crítica, Euclides da Cunha passou a tecer elogios tanto ao Exército quanto ao governo (Cunha, 1897b). É plausível que a opção autoral tenha sido fruto da necessidade de angariar uma imagem de "republicano", ao menos em partes. Isso possivelmente foi necessário, já que a condição de adido ao estado-maior era obrigatória para qualquer jornalista que almejasse cobrir o conflito *in loco*, dependendo assim do aceite do governo para que pudessem viajar ao lado do Exército (Ventura, 2019, p. 199; Bartelt, 2009, p. 163). Uma vez que a cobertura jornalística durante a viagem continha também seus mecanismos de censura e controle, é plausível que a escrita de Euclides da Cunha em 1897 não seja uma mera justaposição de "fé republicana" e seu juízo sobre os canudenses (Pereira; Tavares, 2022). Ao invés, é um emaranhado entre expectativas políticas próprias, jogo de imagem pública e negociação com instituições envolvidas. É indispensável pensar nesse emaranhado, mesmo que difícil de defini-lo, a fim de questionar a viabilidade dos princípios comumente estabelecidos para o tema do "cerne da nacionalidade" em *Os sertões*.

Partindo para a análise conteudística dos "A nossa Vendéia", o primeiro artigo trabalha com uma interpretação bastante difundida do republicanismo logo após o fracasso da terceira expedição em março de 1897: a de que Canudos era patrocinada por uma espécie de "monarquismo internacional", sendo seu sucesso garantido pela importação clandestina de armamentos tecnologicamente avançados via Buenos Aires. Não discutiremos aqui a falsidade do boato, mas fato é que Euclides da Cunha adiciona ainda mais um elemento à conspiração: a "ingenuidade" do canudense.

> [...] na azafama ruidosa e alacre das vaquejadas os rudes sertanejos completamente vestidos de couro curtido [...] e pendente, á cinta, a comprida faca-de-arrasto, com que investe e rompe intrincados cipoaes. Identificados á propria aspereza do sólo em que nasceram, educados numa rude escola de difficuldades e perigos, esses nossos patricios do sertão, de typo ethnologicamente indeffinido ainda, reflectem naturalmente toda a inconsistencia e toda a rudeza do meio em que se agitam. O homem e o solo justificam assim de algum modo, sob um ponto de vista geral, a approximação historica expressa no titulo deste artigo. Como na vendêa o fanatismo religioso que domina as duas almas ingenuas e simples, é habilmente approveitada pelos propagandistas do imperio. (Cunha, 1897a).

O primeiro aspecto a ser destacado é a maneira pela qual os canudenses são referidos: *sertanejos*. Ao chamá-los como tal, Euclides da Cunha não acusa o livre-arbítrio dos canudenses como o responsável pela guerra. Foi o paradigma de subdesenvolvimento que atuou como causa primeira. Consequentemente, denunciou uma suposta "conspiração política" que se aproveitaria da "ingenuidade sertaneja". Ao menos na altura do primeiro artigo, a causa da guerra foi ocupada pela suposta "incapacidade" do sertanejo e na "diligência política" dos "propagandistas do império". Daí a aproximação de Canudos com a Vendeia, de onde ambos figuram como "etapas históricas" da consolidação republicana.

O segundo aspecto é a descrição desse *sertanejo*: é áspero, assim como o *solo* em que vive. O sinal de equivalência entre *sertanejo* e *solo*, mesmo que ainda embrionário, já demonstra um dos aspectos principais do "cerne da nacionalidade" em *Os sertões*: a fabricação do canudense, desse *sertanejo*, que nasce da sobreposição entre solo e sujeito. Se o discurso das nacionalidades parte do princípio de que elas se diferenciam graças ao território que ocupam, ao menos parte do princípio de um "cerne" aparece: o fato do *sertanejo* estar situado em território nacional.

Por outro lado, o áspero dialoga com o artigo em si, dedicado na sua maioria à descrição detalhada da região de Canudos. Através do material recolhido com Teodoro Sampaio, Euclides da Cunha descreveu a paisagem do local, enfatizando os aspectos geológicos e de sua flora. De fato, o autor tira daqui uma segunda causa predominante ao fracasso das expedições até então, da qual trataremos com mais ênfase a seguir: o Estado republicano e sua falta de conhecimento em relação ao território nacional, mais especificamente em relação ao sertão da Bahia. Se o sertanejo é equivalente ao meio, o Exército, assim como a República, desconhece ambos, fracassando na guerra. Essa informação será importante a seguir, pois interage diretamente com a função que o autor dá para o "cerne da nacionalidade" em *Os sertões*.

Regressando aos "A nossa Vendéia", o segundo artigo possui uma diferença fundamental em relação ao anterior, complexificando ainda mais os elementos que comporiam o "cerne da nacionalidade".

> Vestido de couro curtido, das alpargatas solidas ao desgracioso chapéo de abas largas e affeiçoado aos arriscados lances da vida pastoril, o jagunço traiçoeiro e ousado, rompe-os, atravessa-os, entretanto, em todos os sentidos, facilmente, zombando dos espinhos que não lhe rasgam siquer a vestimenta rustica, vingando celere como um acrobata [...] Não ha perseguil-o no seio de uma natureza que o créou á sua imagem — barbaro, impetuoso, abrupto —. (Cunha, 1897b).

A diferença de maior importância para o texto é a troca do termo *sertanejo* por *jagunço*. O último traz consigo uma conotação distinta, evidente pelo exame da segunda citação: ele é "traiçoeiro e ousado", "bárbaro, impetuoso e abrupto". Já o *sertanejo* é caracterizado por ser "rude" e "inconsciente", "ingênuo e simples". É notável que o *sertanejo* foi também chamado no primeiro artigo por "nossos patrícios do sertão", reservando ao menos uma brecha na perspectiva do "nós republicanos": o sentido de nacionalidade brasileira. O mesmo não aconteceu com o *jagunço*. A troca observada em nível das fontes entra em diálogo com a pesquisa de Bartelt, que identificou essa transição semântica do *sertanejo* para o *jagunço* na imprensa brasileira a partir do fracasso da terceira expedição em março de 1897. O termo *jagunço* já era bem estabelecido antes da guerra, sendo relacionado à criminalidade das lavras diamantinas da região. Os canudenses passam a ser fabricados como inimigos, como um outro dentro da tríade *nós-território-nação* (Bartelt, 2009, p. 102-105).

O fato de ambos serem associados à determinação "meio-homem", ao uso de "vestes rústicas" e ao fato de serem "amparados pelo meio", demonstra uma clara intersecção, havendo até mesmo um intercâmbio entre os termos. Entretanto, no nível das distinções, a palavra *jagunço* opera com um sentido distinto acerca da culpabilidade do conflito. É por conta disso que, em "A nossa Vendéia II", a "conspiração monárquica" sai de cena no paralelo Canudos-Vendeia, sendo substituída por:

> O jagunço é uma tradução juxtalinear quasi do illuminado da edade média. O mesmo desprendimento pela vida e a mesma indifferença pela morte, dão-lhe o mesmo heroismo morbido e inconsciente de hipnotizado e impulsivo. [...] as proprias armas inferiores que usam, na maioria, constituem um recurso extraordinario: não lhes falta nunca a munição para os bacamartes grosseiros ou para as rudes espingardas de perdeneira. A natureza que lhes alevantou trincheiras na movimentação irregular do solo [...] fornece-lhes ainda a carga para as armas [...] (Cunha, 1897b).

Se ambos contam com a sobreposição "meio-indivíduo", é no segundo artigo que ela passa a ser a causa principal do conflito. O *sertanejo* é substituído pelo *jagunço*, na medida em que não é mais a "ingenuidade" que atua como causa da guerra, mas sim o aspecto "traiçoeiro", sua maneira de atuar como um sujeito estrangeiro, fora do escopo nacional. A consequência dessa mudança discursiva está situada no encerramento do texto, afirmando categoricamente o triunfo do Exército como finalidade da Guerra de Canudos.

Se "A nossa Vendéia" traz algumas possibilidades para a compreensão de uma visão "pré-viagem" de Euclides da Cunha, é precisamente em suas variações internas que residem os primeiros elementos do "cerne da nacionalidade". Por um lado, o canudense é o *sertanejo*: rude, educado através de uma sociedade aquém da "civilização", representando uma fatia populacional "ingênua". Do outro, é o *jagunço*: traiçoeiro, necessariamente avesso à República, representando uma negação da consolidação do eu-nacional sob o ponto de vista do autor. Na intersecção das partes, o canudense *sertanejo-jagunço* é uma tradução justalinear do meio em que vive: do *sertão*. Conhecê-lo é traçar o território nacional, possibilitando a jurisdição republicana na totalidade de seu território.

A bibliografia não erra ao afirmar que há uma continuidade desse discurso quando Euclides da Cunha prossegue viagem a Canudos, a partir de agosto de 1897. É importante notar, entretanto, a soma de outros fatores nesse discurso, particularmente sobre a função da guerra para a unidade nacional brasileira. Durante sua estadia na capital da Bahia, antes de prosseguir viagem ao interior, escreveu uma carta-reportagem onde ensaiou que os brasileiros sempre foram uma "prole esparsa, erradia". O autor desenha a concentração do Exército na antiga capital do Brasil de forma bastante pitoresca, como se a prole convergisse no "ponto de origem", arregimentando-se sob a bandeira da República. A finalidade da guerra se mostra clara aqui: construir uma brasilidade calcada na disparidade de tipos sociais, solidificando uma jurisdição republicana de extensão verdadeiramente nacional (Cunha, 2016 [1897], p. 48).

Logo, pode-se antecipar o porquê da preocupação euclidiana recorrente com o *cerne da nacionalidade*. Uma vez esparsa, uma vez que a República não possuía uma compreensão holística de si, o cerne atuava como antídoto. Naturalmente, Euclides da Cunha ensaia uma equivalência imprescindível para a compreensão d'*Os sertões* cinco anos mais tarde: *nação-território*. Tomando-a aprioristicamente, investir na Guerra de Canudos enquanto tema passava a exigir uma inquirição de todo o processo de consolidação do governo republicano brasileiro na extensão de seu território. Daí a significação que ensaia adiante:

> Não se trata de defender o solo da pátria do inimigo estrangeiro; a luta tem uma significação mais alta e terá resultados mais duradouros. Observo-a de perto, sinto de perto a comoção extraordinária que abala, aqui, todos os nosso patrícios [...] elementos tão heterogêneos — creio que a organização superior da nossa nacionalidade, em virtude da energia civilizadora acrescida, repele, pela primeira vez, espontaneamente, velhos vícios orgânicos e hereditários tolerados pela política expectante do Império (Cunha, 2016 [1897], p. 48).

O autor inicia seu raciocínio deixando claro que não se trata de uma guerra internacional. O intuito de Euclides da Cunha possivelmente foi explicitar que o alvo do ataque — ou seja, Canudos — passa a ser não apenas um inimigo, mas também um elemento da identidade brasileira a ser erradicado. Quando o autor faz alusão a "organização superior da sociedade", ele está se referindo a uma forma abstrata de sociedade brasileira que tem como característica principal a junção de "elementos tão heterogêneos".

Mas quem seria responsável por uni-los pela única causa de destruir Canudos? É "em virtude da energia civilizadora acrescida" que a arregimentação é proporcionada. Para Euclides da Cunha, é o Estado-Nação e a República que detêm o papel de incorporar as diversas populações de seu território. Daí atribuir a proeminência da questão identitária em nível nacional: o papel do Estado-Nação brasileiro era o de arregimentar diversas populações sob a imagem de um só Brasil, assimilando-se ao panorama do progresso europeu.

Daí a conclusão de que, se por um lado há uma equivalência nação-território, por outro as relações de poder que nela operam não se confundem. A soberania republicana é apriorística. Traz consigo o papel de pedra angular desse processo de arregimentação. Logo, poderia mesmo o "cerne da nacionalidade" ser um constructo suficientemente disruptivo, no sentido de inverter o julgamento sobre o canudense e seu direito de existir? A questão leva para o primeiro ensaio do autor sobre o termo, na carta-reportagem do 1º de setembro de 1897, precisamente no primeiro dia do autor rumo ao interior baiano.

> [...] o homem do sertão tem, como é de prever, uma capacidade de resistência prodigiosa e uma organização potente que impressiona. Não o vi ainda exausto pela luta, conheço-o já, porém, agora, em plena exuberância de vida. [...] Pela janela entreaberta vejo neste momento um deles [...] Acaba de conduzir a Monte Santo cento e tantos bois destinados ao exército. É um nosso aliado, portanto [...] Considerando-o penso que a nossa vitória, amanhã, não deve ter exclusivamente um caráter destruidor. Depois da nossa vitória, inevitável e próxima, resta-nos o dever de incorporar à civilização estes rudes patrícios que — digamos com segurança — constituem o cerne da nossa nacionalidade. (Cunha, 2016 [1897], p. 80).

É imprescindível notar como Euclides da Cunha opera com um signo bastante instável. O "homem do sertão" pode ser tanto o "nosso aliado" quanto os "inimigos canudenses", de forma que tanto os aspectos do ofício do vaqueiro quanto os do combatente imbricam-se, confundem-se num mesmo signo. Essa falta de consistência deve ser considerada principalmente ao se investir em quais aspectos regem o "cerne da nacionalidade" a partir daqui. O fato de aparecer como tal não reside na redenção ou julgamento moral acerca da guerra em si, mas sim na maneira pela qual os habitantes da região são construídos como um "outro Brasil", o sertão, que essencialmente é aquilo para além do "civilizado".

Nota-se que a expressão "cerne da nacionalidade" foi estabelecida muito antes da escrita de *Os sertões*. Diferentemente do que Ventura concluiu, ela de forma alguma significou que Euclides da Cunha "identificou-se" com os habitantes do interior do país (Ventura, 2019, p. 200). Pelo contrário: admitir o "cerne" significa abrir uma premissa para que o *sertanejo* seja de fato "incorporado", que abdique de suas formas de organização social que não fossem aceitas pelo Estado. Afinal, vimos em diálogo com Bartelt como que a fronteira semântica entre os signos *sertanejo* e *jagunço* foi demasiadamente tênue nos discursos republicanos sobre a guerra. A mesma população poderia ser vista ora como "ingênua", ora como "traiçoeira" (Bartelt, 2009). Euclides da Cunha buscou assim realizar um discernimento entre as partes: dentro de uma população rotulada de *sertaneja*, o "cerne da nossa nacionalidade" se afastava da "Meca dos jagunços", expressão utilizada pelo autor ao referir-se a Canudos.

Sumarizando os elementos que compuseram o "cerne da nacionalidade" em sua forma ainda embrionária de 1897, compõe-se uma aproximação bastante plausível entre esses textos e o conteúdo apresentado em *Os sertões*. Distancia-se da conclusão de que Euclides da Cunha produziu no ano da guerra um discurso bem diferente daquele vangloriado pela sua obra mais reconhecida. O caráter de continuidade é enfatizado, em detrimento do de "reviravolta", abrindo espaço para a discussão sobre as relações de poder enquanto medida preliminar do autor ao investir sobre o tema identitário do sertão. Afinal, o que é o "homem do sertão"? E mais ainda: se ele é brasileiro, o que isso significa para a unidade territorial do país, para um governo republicano que investe insaciavelmente sob o dilema de apresentar-se como soberano dentro do território que busca reger? Se faz necessário um exame da obra de 1902 baseado na Nota Introdutória, compreendendo os limites desse paradigma para o significado do *cerne da nacionalidade* enquanto construção narrativa de Canudos.

O paradigma *nacional* e os limites da narrativa euclidiana em *Os sertões*

Para os leitores veteranos de *Os sertões*, talvez surja uma dúvida pertinente: e a denúncia do crime? Onde que ela se encontrava mediante o tema do *cerne da nacionalidade*? Após seu regresso, não escreveu nenhum artigo que expusesse quaisquer críticas sobre a atuação do Exército na guerra. É consenso entre os estudos sobre Euclides da Cunha que o autor omitiu o assunto da violência na Guerra de Canudos ao retornar de viagem (Ventura, 2019; Amory, 2009). Mas, ao confrontarmos com *Os sertões*, a primeira dúvida surge: de onde viria a crítica à Guerra de Canudos, a qual considerou um "crime da nacionalidade"? Teria Euclides da Cunha mudado de ideia acerca de Canudos como sendo o elemento de "nossa nacionalidade" a ser erradicado?

Conforme foi tratado na introdução, *Os sertões* já inicia sua Nota Introdutória com a denúncia da Campanha de Canudos (1896-1897). De que maneira, entretanto, seria ela um "crime"? Qual é a relação dessa denúncia com o panorama de Canudos enquanto signo forjado no meandro entre o sertanejo e o jagunço? Para responder a essas questões, se faz necessário acrescer a análise que Luiz Costa Lima advertiu em seu *Terra ignota*. Para o autor, é necessário compreender quais são os termos a partir dos quais Euclides da Cunha concebeu tanto a guerra em si quanto a função de seu próprio livro (Lima, 1997). Segue o trecho que antecede a denúncia, ainda na Nota Introdutória.

> Intentamos esboçar, palidamente embora, ante o olhar de futuros historiadores, os traços atuais mais expressivos das sub-raças sertanejas do Brasil. E fazêmo-lo porque a sua instabilidade de complexos de fatores múltiplos e diversamente combinados, aliada às vicissitudes históricas e deplorável situação mental em que jazem, as tornam talvez efêmeras, destinadas a próximo desaparecimento ante as exigências crescentes da civilização e a concorrência material intensiva das correntes migratórias que começam a invadir profundamente a nossa terra. (Cunha, 2019 [1902], p. 65-66).

Para Euclides da Cunha, o desfecho da Guerra de Canudos revela ao menos duas consequências: (a) os canudenses são reflexo de um "estado mental deplorável", inerente à condição do sertanejo; (b) a concorrência material da civilização é um fato, uma realidade para os próximos anos do Brasil, ameaçando o desaparecimento dessa população.

O diagnóstico é pessimista. Para o autor, a Guerra de Canudos é menos um episódio e mais um "primeiro assalto, em luta talvez longa". A guerra passa a ser interpretada como uma realidade do Brasil, de sua configuração geopolítica, na qual as populações sertanejas se encontram no lado derrotado pela "concorrência material".

Mas que concorrência seria essa? É necessário remeter-se a apenas um de seus escritos acerca dessa preocupação, em carta a Reinaldo Porchat em 1893:

> O que traduz a feição dúbia das potências estrangeiras [...] pela qual as gentes pseudocivilizadas tratam os selvagens de todo mundo? A França, a Inglaterra, a Alemanha, excedendo miseravelmente o banditismo mais torpe roubando pátrias, saqueando os lares tranqüilos dos bárbaros na África e na Ásia. [...] Suporão esses países gastos e fúteis, com a sua civilização ridícula de bulevares repletos de boêmios infecundos e desprezíveis, que somos nós uma variedade qualquer dos bôeres ou dos Cabilas? (Galvão, 1997 [1893], p. 56-57).

A aposta de Euclides da Cunha em construir a imagem do canudense enquanto cerne da nacionalidade começa a tomar corpo. Pensar a identidade brasileira significava também executar um cálculo de risco. A Guerra de Canudos, para todos os efeitos, foi um fenômeno do capitalismo financeiro que passou a se consolidar ao final da década de 1870 no Brasil. A estrutura dos Estados, que passavam a fabricar suas "Nações", buscava empregar uma hegemonia em determinado território. Competências que antes eram do encargo de poderes locais eram agora transferidas para a capital de seus respectivos países. O Brasil não foi diferente, uma vez que o registro civil foi implementado na constituição republicana de 1890, juntamente com um novo sistema fiscal que passava o encargo financeiro para os estados. Logo, a não complacência dos habitantes do arraial não era apenas uma questão local: transformava-se num dilema nacional. Canudos aparece então como uma "chaga administrativa", no sentido de ser a consequência de uma suposta "má implementação do Estado-Nação nos sertões do Brasil". Aparelhar-se contra a concorrência internacional era consolidar suas fronteiras, através de um domínio político incontest em nível nacional (Bartelt, 2009; Murari, 2007).

Daí o tom de denúncia quando Euclides da Cunha descreve a entrada ao sertão baiano através da linha férrea que ligava o litoral à cidade de Queimadas, rendendo uma das metáforas mais preciosas para a apreciação do objeto deste capítulo.

> A linha férrea [...] aquele liame do progresso passa, porém, por ali, inútil, sem atenuar sequer o caráter genuinamente roceiro do arraial. [...] Discordância absoluta [...] entre as cidades da costa e as malocas de telha do interior, que desequilibra tanto o ritmo de nosso desenvolvimento evolutivo e perturba deploravelmente a unidade nacional. [...] O que ia fazer-se era o que haviam feito as tropas anteriores — uma invasão — em território estrangeiro. Tudo aquilo era uma ficção geográfica (Cunha, 2018 [1902], p. 677-678).

Tudo aquilo era uma ficção geográfica. A jurisdição da cidade sob o sertão é ponto nodal da compreensão do autor e seu *denunciemo-lo.* Quando a linha férrea não cumpre sua finalidade — a atenuação do caráter campestre — ergue-se o embuste da identidade nacional: *o país é uma ficção geográfica.* Ficção, pois não condiz com a unidade do território-nação. Na denúncia euclidiana, o Estado republicano brasileiro não é capaz de cumprir seu papel político e social (Murari, 2007).

Regressando à nota preliminar, o intuito de Euclides da Cunha com o esboço das sub-raças sertanejas se torna mais claro: os sertanejos desaparecerão justamente por conta desse cálculo de risco da Nação. Restava ao lado "civilizado" do Brasil reconhecer esse sertão como posse, trilhando os planos para dominá-lo em definitivo.

Mas por que o autor enxergou de maneira tão pessimista a questão, chegando mesmo a afirmar que o "homem do sertão" estava "fadado a desaparecer"? Euclides da Cunha inicia seu discurso contraditório a partir deste exato ponto:

> O jagunço destemeroso, o tabaréu ingênuo e o caipira simplório serão em breve tipos relegados às tradições evanescentes, ou extintas. Primeiros efeitos de variados cruzamentos, destinavam-se talvez à formação dos princípios imediatos de uma grande raça. Faltou-lhes, porém, uma situação de parada, o equilíbrio, que lhes não permite mais a velocidade adquirida pela marcha dos povos neste século. Retardatários hoje, amanhã se extinguirão de todo. A civilização avançará nos sertões impelida por essa implacável "força motriz da História" que Gumplowicz, maior do que Hobbes, lobrigou, num lance genial, no esmagamento inevitável das raças fracas pelas raças fortes. (Cunha, 2019 [1902], p. 66).

Evitando adentrar a questão complicada do termo "raça", o discurso euclidiano desdobra seus limites antes mesmo de proclamar o *denunciemo-lo.* Se a campanha fora de fato um crime contra o cerne da nacionalidade, a ação foi, concomitantemente, respaldada por uma "força motriz da História", por este movimento universal que reafirma o domínio "civilizado". É inegável que a narrativa euclidiana requer uma base extremamente embaraçosa, justamente por denunciar algo que é ao mesmo tempo natural (Lima, 1997). Afinal, como protestar contra algo que é supostamente inevitável?

Uma das pistas para o problema se encontra no "faltou-lhes, porém, uma situação de parada". Uma vez que foi estabelecida a equivalência território-nação e o subsequente papel do Estado, a situação de parada reside justamente na consolidação desse paradigma. Afinal, se para Euclides da Cunha a França era uma Nação-modelo, era evidente que seu projeto político admitia a hegemonia de uma sociedade acompanhada da soberania de um só Estado. E qual era então a condição brasileira, condição essa que instigou o autor a apontar um "cerne da nacionalidade"? Segue o trecho:

> Não temos unidade de raça. Não a teremos, talvez, nunca. Predestinamo-nos à formação de uma raça histórica em futuro remoto, se o permitir dilatado de vida nacional autônoma. Invertemos, sob este aspecto, a ordem natural dos fatos. A nossa evolução biológica reclama a garantia da evolução social. Estamos condenados à civilização. Ou progredimos, ou desapareceremos. (Cunha, 2018 [1902], p. 156-157).

Se o conceito de História tem como modelo as potências capitalistas europeias, o Brasil teria que fazer o caminho inverso. Ao invés de um Estado que é só fundado por uma "hegemonia racial", o Brasil é dependente de um Estado capaz de uni-lo através do liame do progresso. Superar a ficção geográfica é o cerne da denúncia. E por que superar? Pois estamos condenados à civilização. As linhas de crédito e a indústria bélica se tornam não só realidades palpáveis como também ameaças. Sob urgência, Euclides da Cunha reclama uma tutela da cidade sob o sertão.

Mas como encarar uma tutela "malsucedida"? É aqui que reside o duplo problema euclidiano, que ora alega a inevitabilidade do extermínio do sertão, ora se preocupa com a incompetência da garantia social em realizar o par *nação-território*. Sua mudança de tom em *Os sertões* é clara aqui, já que passa a criticar enfaticamente o Estado o qual antes só censurou através das cartas a amigos. O "homem do sertão" em seu estado "deplorável" é o receptáculo de seu discurso, conforme a seguir:

> Revelou que pouco nos avantajáramos aos rudes patrícios retardatários. Estes, ao menos, eram lógicos. Insulado no espaço e no tempo, o jagunço, um anacronismo étnico, só poderia fazer o que fez — bater, bater terrivelmente a nacionalidade que, depois de o enjeitar cerca de três séculos, procurava levá-lo para os deslumbramentos da nossa idade dentro de um quadrado de baionetas, mostrando-lhe o brilho da civilização através do clarão de descargas. Reagiu. Era natural. (Cunha, 2018 [1902], p. 502).

A crítica euclidiana reside justamente na antecipação do papel do Estado de tutelar integralmente seu território. Uma vez quebrada a expectativa, restava a crítica enfática ao modus operandi da campanha, que encontrou no extermínio seu método definitivo. É imprescindível acrescentar que a crítica não depende exclusivamente de uma "empatia" cristalizada numa obra que é lida até a atualidade. Ao invés, é a antecipação do eu sobre o outro, ou de como a linha férrea deveria modificar o caráter roceiro do *sertão*, que se ergue para denunciar a incompetência da campanha. Em *Os sertões*, o canudense atua como uma espécie de "régua civilizatória", uma antítese da qual o governo republicano deveria se desvencilhar. Daí o problema de se ler o "cerne da nacionalidade" como qualquer "reviravolta de consciência" de Euclides da Cunha. Pelo contrário, é através da continuidade de seu paradigma, da forma como o Brasil deveria se estruturar como "civilizado", que o cerne da nacionalidade é finalmente forjado.

Considerações finais

A consideração máxima que deve ser aqui esboçada é a de que *o cerne da nacionalidade, menos que uma ruptura, é um subproduto do paradigma Estado-Nação presente no pensamento de Euclides da Cunha mesmo antes de 1897*. Ao invés de uma experiência de alteridade, encontra-se uma brecha extremamente complexa e rica de contradições, sob as quais o autor encarou a tarefa de realizar uma obra de extensão monumental.

Compreender a narrativa euclidiana sobre Canudos é um exercício constante de estabelecer os limites que esse paradigma reserva para o constructo do cerne da nacionalidade. Foram observados nas fontes de 1897 vários dos temas embrionários que se ligariam à representação do canudense na obra de 1902. Através da oscilação entre os termos "sertanejo" e "jagunço" construiu-se um canudense tanto "inimigo" quanto objeto alinhado ao projeto nação-território. A maleabilidade é aqui destacada justamente por destoar do caráter de "reviravolta de consciência" entre esses dois momentos: não é Canudos que passa a ser admitida em seu direito de existir, nem qualquer outra sociedade considerada "sertaneja" pelo autor. Ao invés, é seu status de nacional que resguarda um valor ao *sertanejo*. Ao equalizar os aspectos do território nacional com aqueles manifestados pelo canudense, a empreitada euclidiana concebe-o como objeto de incorporação nacional. Incorporação, pois é precisamente na possibilidade de dissolver o aspecto de "sertão" que reside o único cenário de sucesso, ao menos aos olhos de Euclides da Cunha (Rodrigues; Lima, 2022).

Deve-se advertir que o diagnóstico euclidiano é severo, repousando na homogeneização inconteste da sociedade brasileira como único projeto nacional possível. É necessário introduzir *Os sertões* não como "testemunho" ao modelo de vida sertanejo, mas sim enquanto visão de mundo que emergiu através da aposta no progresso material anterior às guerras do século XX, em face das atrocidades "civilizadas" do neocolonialismo ao redor do globo. São emblemáticas as descrições dos enormes canhões alemães que acompanharam Euclides da Cunha durante sua viagem até o arraial. O metal pesado, o cheiro de pólvora e seus cálculos balísticos para otimizar a máquina bélica mortífera do progresso eram uma realidade muito mais palpável do que mero conjecturar de uma teoria da "força motriz da História que esmaga as raças mais fracas". Se é necessário encarar com negação o pessimismo conveniente do autor em alegar o extermínio de uma sociedade para além da "civilizada", *Os sertões* figura-se como material denso de compreensão acerca desse projeto. Afinal, encontrar o seu "cerne da nacionalidade" era extravasar as fronteiras do sertão baiano de maneira a incorporá-las num projeto muito maior, mas sem quaisquer garantias para os habitantes dessa região para além do "fim certo".

Numa advertência necessária de Bartelt, *o denunciemo-lo foi uma defesa de corpos mortos*, objetificados pelos paradigmas de seu locutor (Bartelt, 2009, p. 329). Em *Os sertões*, ao menos boa parte das vozes dos sobreviventes da guerra não encontram seu espaço. Ocupadas pelo "cerne da nacionalidade", são sempre construídas através de uma narrativa que transparece os limites desse paradigma nacional para repensar a Guerra de Canudos e suas relações de poder.

Referências

AMORY, Frederic. *Euclides da Cunha*: uma odisseia nos trópicos. Tradução de Geraldo Gerson de Souza. Cotia, SP: Ateliê Editorial, 2009.

BARTELT, Dawid Danilo. *Sertão, República e Nação*. São Paulo: Editora da Universidade de São Paulo, 2009.

CUNHA, Euclides da. A nossa Vendêa. *O Estado de São Paulo*, São Paulo, 14/3/1897, p. 1. Disponível em: https://acervo.estadao.com.br/pagina/#!/18970314-6694-nac-0001-999-1- not/tela/fullscreen. Acesso em: 13 ago. 2023.

CUNHA, Euclides da. A nossa Vendêa. *O Estado de São Paulo*, São Paulo, 17/7/1897, p. 1. Disponível em: https://acervo.estadao.com.br/pagina/#!/18970717-6818-nac-0001-999-1- not/tela/fullscreen. Acesso em: 14 ago. 2023.

CUNHA, Euclides da. *Canudos*: diário de uma expedição. 3. ed. São Paulo: Martin Claret, 2016.

CUNHA, Euclides da. *Os sertões*: (Campanha de Canudos) / Euclides da Cunha; edição, prefácio, cronologia, notas e índices de Leopoldo M. Bernucci. 5. ed. Cotia, SP: Ateliê Editorial; São Paulo: SESI-SP Editora, 2018. (Coleção Clássicos Comentados)

GALVÃO, Walnice Nogueira. *Correspondência de Euclides da Cunha* / Walnice Nogueira Galvão, Oswaldo Galotti. São Paulo: Editora da Universidade de São Paulo, 1997.

LIMA, Luiz Costa. *Terra ignota*: a construção de Os Sertões. Rio de Janeiro: Civilização Brasileira, 1997.

MURARI, Luciana. *Brasil, ficção geográfica*: ciência e nacionalidade no país d'Os sertões. São Paulo: Annablume; Belo Horizonte: Fapemig, 2007.

PEREIRA, Allan Marx de Morais; TAVARES, Débora Reis. A reviravolta de consciência de Euclides da Cunha: uma análise literária, textual, biográfica e histórica. *Esferas*, ano 12, v. 2, n. 2, set.-dez. 2022.

RODRIGUES, Kadma Marques; LIMA, Pedro Victor. Entre as armas e as letras: imperialismo e nação na obra de Euclides da Cunha. *Tensões Mundiais*, Fortaleza, v. 18, n. 37, p. 213-236, 2022.

SANTANA, José Carlos Barreto de. *Ciência e da arte*: Euclides da Cunha e as ciências naturais. São Paulo: Hucitec; Feira de Santana: Universidade Federal de Feira de Santana, 2001.

VENTURA, Roberto. Euclides da Cunha e a República. *Estudos Avançados*, [*s.l.*], v. 10, n. 26, p. 275-291, 1996. Disponível em: https://doi.org/10.1590/S0103-40141996000100024. Acesso em: 25 out. 2023.

VENTURA, Roberto. *Euclides da Cunha*: Esboço biográfico. 2. ed. São Paulo: Companhia das Letras, 2019.

ZILLY, Berthold. Uma crítica precoce à "globalização" e uma epopéia da literatura universal: Os sertões de Euclides da Cunha, cem anos depois. In: NASCIMENTO, José Leonardo do (org.). *Os sertões de Euclides da Cunha*: releituras e diálogos. São Paulo: Editora da Unesp, 2002.

CAPÍTULO 4

RITMOS, PONTOS E CONTRAPONTOS: MÁRIO DE ANDRADE E "O SAMBA RURAL PAULISTA"

Samara Chiaperini de Lima
Breno Ampáro

Prólogo[40]

"Viva São Benedito!", entoou o pároco durante o levantamento do mastro que carregava a imagem do santo em sua extremidade. Fogos de artifício coloriam a paisagem da escura noite, junto com a iluminação pública. Os lampejos e sons produzidos pelas explosões confundiam-se com a vibração do coro que gritava: "Viva!", em resposta ao pároco em frente à capela. Minutos depois, irrompia a cena um grupo de mulheres que usavam lenços, vestimentas brancas na parte superior do corpo e longas saias rodadas de estampa xadrez. Deslocavam-se em procissão ao som dos bumbos e chocalhos tocados por homens que conduziam o grupo. O caminhar do grupo, liderados pelos homens que operavam os instrumentos de percussão, apresentava características dançantes, por meio das quais as mulheres giravam em torno de si e gingavam seus corpos manipulando simultaneamente suas saias, aludindo à existência de uma coreografia. Em trânsito, um ponto era entoado e coletivamente respondido pelos membros do grupo até se fixarem em espaço coberto atrás da capela. Evocando seus ancestrais, a resistência e a fecunda coletividade que mantinha a tradição viva, o samba de bumbo faz sua presença ressoar muito além da festividade comemorada há 137 anos. Mostra a recalcitrância de muitas culturas que carregam as marcas de uma história caracterizada pelo trabalho árduo do cativeiro, pelo sincretismo religioso e pela música.

---

[40] O texto apresentado neste prólogo trata de uma narrativa livre de teor descritivo, inspirada na experiência vivida pelos pesquisadores durante a 137ª Festa do Cururuquara ocorrida no dia 18 de maio de 2024 em Santana do Parnaíba, SP.

Para estudo detalhado sobre a festividade, ver:

YADE, Juliana de Souza Mavoungou. *Vozes e territorialidades no pós-abolição*: histórias de famílias e resistência identitária — O caso do Cururuquara. 2015. 252 f. Tese (Doutorado). Universidade Federal do Ceará, Programa de Pós-Graduação em Educação Brasileira. Fortaleza, 2015.

Apresentação

Era uma quinta-feira, dia 9 de maio de 2024, quando durante a 104ª reunião do Conselho Consultivo do Patrimônio Cultural fez-se reconhecido o Samba de Bumbo Paulista como Patrimônio Cultural do Brasil.[41] O documento produzido para a ocasião do registro, *Dossiê do Samba de Bumbo*, consiste em um estudo de caráter inventarial em que se arrolam narrativas em torno de uma série de grupos de samba, cidades e localidades do estado de São Paulo, inscrevendo nos autos do procedimento de oficialização requerido a historicidade, o jaez artístico, cultural e patrimonial da manifestação.[42] Em outras palavras, o dossiê produzido como parte do processo para o reconhecimento realizado pelo Instituto do Patrimônio Histórico e Artístico Nacional (Iphan) tinha, entre seus objetivos, tratar de dar existência e visibilidade aos sambas para além das comunidades que os mantêm vivos.

Ainda sobre o documento, vale dizer que sua narrativa apontou não só para os primeiros registros acadêmicos em torno dos quais os sambas viriam a ser notados, mas também para uma discussão histórica em torno da qual se lançou o debate sobre os registros culturais, patrimônios históricos e a exequibilidade de inscrição de eventos caracterizados em torno de sua imaterialidade. Nesse itinerário, faz-se notar o nome de Mário de Andrade — mencionado pelo *Dossiê* 61 vezes ao longo de 540 páginas. Seja no debate que fundamentou o Serviço de Patrimônio Histórico e Artístico Nacional (Sphan) ou mesmo no trabalho etnográfico desempenhado em torno de um olhar sistematizado para a diversidade das manifestações culturais populares, o material produzido sugere, em alguma medida, certa atuação do autor.

Dessa forma, por meio do caminho exposto até aqui, interessa para este empreendimento perguntar: a inscrição dos sambas do interior paulista como patrimônio histórico, artístico e cultural se fez num certo presente, qual o passado se inscreve e arquiteta o espaço de experiências

---

[41] Conforme disposição no site do Instituto do Patrimônio Histórico e Artístico Nacional em 9 de maio de 2024, disponível em: https://www.gov.br/iphan/pt-br/assuntos/noticias/samba-de-bumbo-paulista-e-reconhecido-como-patrimonio-cultural-do-brasil. Link para a 104ª reunião do Conselho Consultivo do Patrimônio Cultural, disponível em: https://www.youtube.com/live/pHeh8xi0vqA.

[42] O estudo foi produzido pelo *Centro de Estudos da Cultura Popular*, uma organização da sociedade civil sem fins lucrativos, sediada em São José dos Campos, SP. Disponível em: https://www.gov.br/iphan/pt-br/assuntos/noticias/samba-de-bumbo-paulista-e-reconhecido-como-patrimonio-cultural-do-brasil/copy4_of_DOS-SIE_SAMBA_DE_BUMBO_PAULISTA.pdf/view.

desse processo de instrumentalização política, etnográfica e cultural? Em que medida as preocupações de Mário de Andrade — históricas, patrimoniais e culturais — caracterizavam a singularidade histórica de sua atuação? Quais os limites e possibilidades interpretativos se lançavam a partir de sua obra?

Para tanto, pretende-se aqui conduzir uma narrativa que ilustre o itinerário do referido autor à luz de suas ideias, estudos e experiências etnográficas, tendo sempre o cuidado de entendê-las como tributárias das circunstâncias históricas em que estavam inseridas. Dito de outra forma, sujeito e obra situam-se historicamente pelos tempos e espaços em que circulavam, não só a si, mas também suas ideias. Redes de sociabilidades constituíam-se como parte determinante na projeção dos ecos e ressonâncias do que e como se pensava. Conferiam também legitimidade, autoridade e poder aos homens e mulheres aspirantes à notoriedade. Era também nesse mesmo aspecto que se inseriam os anseios, desejos e eventuais disputas, fossem ideológicas, metodológicas ou políticas.

O objetivo do capítulo é, portanto, investigar e questionar aspectos do trabalho etnográfico empreendido por Mário de Andrade em torno do texto "O Samba Rural Paulista", publicado na *Revista do Arquivo Municipal*, volume 41, em 1937. A *Revista* consistia em importante veículo de divulgação do conhecimento científico e cultural de ações realizadas pelo Departamento de Cultura da Prefeitura do Município de São Paulo.[43] Voltando o olhar para perspectivas exógenas, pretende-se situar a contribuição de Mário de Andrade para uma sistematização da cultura e da música às questões históricas que tomavam forma no período, sobretudo os aspectos que constituíam o debate em torno do patrimônio cultural brasileiro, bem como de métodos referentes à coleta e registro do material folclórico, articulado com o projeto de formação de uma cultura nacional que perpassa as obras do autor.

Itinerários de um etnógrafo

Mário de Andrade, além de ser poeta e romancista, realizou amplo trabalho prático e institucional. Dedicou-se intensamente à pesquisa de campo em suas viagens ao Norte (1927) e, sobretudo, Nordeste do país

---

[43] *Cf.*: CLARO, Silene Ferreira. *Revista do Arquivo Municipal de São Paulo*: um espaço científico e cultural esquecido (proposta inicial e as mudanças na trajetória — 1934–1950). Tese (Doutorado). Universidade de São Paulo. São Paulo, 2008.

(1928-1929), bem como atuou como diretor no Departamento de Cultura do Município de São Paulo (1935-1938) e redigiu o anteprojeto do Serviço do Patrimônio Histórico e Artístico Nacional (1936).

Na trajetória do escritor modernista, destaca-se a pesquisa das culturas populares, mais precisamente das manifestações ditas "folclóricas" — rurais, anônimas e coletivas —, denominadas por ele de "tradições móveis", capazes de acompanhar a contemporaneidade:

> Tem tradições móveis e tradições imóveis. Aquelas são úteis, têm importância enorme, a gente as deve conservar talqualmente estão porque elas se transformam pelo simples fato da mobilidade que têm. Assim por exemplo a cantiga, a poesia, a dança populares (Andrade, 2015, p. 297).

Na perspectiva de Mário de Andrade, as tradições populares representariam a expressão da nacionalidade e a marca identitária do país, uma vez que a arte nacional já estava "feita na inconsciência do povo" (Andrade, 1928, p. 4). Nesse horizonte interpretativo, para José Miguel Wisnik (2022, p. 184), Mário de Andrade teria se apegado a esta "concepção tardo-romântica" assumindo "a pureza do folclore como modelo da cultura", à maneira de Johann Gottfried von Herder e dos irmãos Grimm.

De acordo com Peter Burke,

> [...] o que há de novo em Herder, nos Grimm e seus seguidores é, em primeiro lugar, a ênfase no povo, e, em segundo, sua crença de que os "usos, costumes, cerimônias, superstições, baladas, provérbios, etc." faziam, cada um deles, parte de um todo, expressando o espírito de uma nação (2009, p. 27).

Herder realizou uma distinção entre "poesia de natureza", a qual teria cunho intuitivo e seria parte de uma sabedoria que não se adquire com o conhecimento formal, integrando "um gênero que atualiza o frescor do passado, resistindo ao impacto da degradação civilizatória" e "poesia de cultura", que teria um caráter individual e derivaria da intelecção, afastando-se da intuição e espontaneidade (Ortiz, 1992, p. 23).

Essa tese foi explorada pelos irmãos Grimm, cuja obra enfatizou ainda mais a associação da poesia ao "povo", sublinhando o anonimato das produções populares. Para Jacob Grimm "os poemas não eram feitos: como árvores, eles simplesmente cresciam", por isso seriam uma "poesia da natureza" (Burke, p. 23). No texto "O Samba Rural Paulista" (1937), Mário de Andrade cita Jacob Grimm, frisando a autoria coletiva da canção popular e sua formação intuitiva, no que se refere à "consulta coletiva", que ocorre no samba colhido em Pirapora do Bom Jesus, no qual os participantes da dança se concentram para "adotar um novo texto-melodia":

> Ninguém evitará que na minha paixão pela coisa popular, eu considere admiráveis estes documentos. São exemplos vivos, magnificamente característicos de que a "canção popular se compõe a si mesma", como Grimm falou. No último exemplo as hesitações, a procura do assunto, por não se saber o que aceitável para a coletividade; a luta por um elemento concreto de texto-melódico: o auxílio mútuo de seres igualmente anônimos; o valor intelectualmente respiratório dos refrãos de caráter neumático: tudo faz com que a canção se crie a si mesma (Andrade, 1937, p. 54).

A identificação do folclore às "raízes" da nacionalidade já estava presente na intelectualidade brasileira do final do século XIX, não sendo uma exclusividade do pensamento marioandradino. Alberto Luiz Schneider observa que Silvio Romero (1851-1914) também almejou "encontrar o verdadeiro povo brasileiro" e "a essência profunda da nação", citando elogiosamente Herder e os Grimm (2005, p. 15):

> Quando cotejadas as obras, é possível identificar em Mário de Andrade a permanência de certas formulações romerianas. Embora muito diferentes entre si, tanto o modernista de 1870 quanto o modernista de 1922, se aproximam na busca de um sentido nacional para o Brasil, de tal modo, que é possível vê-los como herdeiros de uma tradição intelectual empenhada em representar a brasilidade como portadora de uma cultura mestiça, herdeira das três raças e construída sob a liderança do homem português nos trópicos. (Schneider, 2005, p. 220).

Para Mário de Andrade, a música brasileira era formada pelas fontes "ameríndia em porcentagem pequena; a africana em porcentagem bem maior; a portuguesa em porcentagem vasta" (Andrade, 1928, p. 9). Nessa interpretação, procurou valorizar as contribuições de matriz africana para o folclore musical, enfatizada em "O Samba Rural Paulista", uma vez que, em sua concepção, "Os elementos africanos servem francamente se colhidos no Brasil porque já estão afeiçoados à entidade nacional" (Andrade, 1928, p. 10).

No artigo "O Folclore no Brasil", redigido em 1942, em que fez um balanço dos estudos folclóricos brasileiros, Mário de Andrade destacou Silvio Romero e sua produção pioneira em relação à colheita sistemática do folclore, dedicando algumas páginas a suas obras:

> Quem primeiro organizou colheitas sistemáticas de documentos, e iniciou simultaneamente o seu estudo técnico, foi Sílvio Romero, com as antologias *Cantos e Contos populares do Brasil*, datadas de 1882 e 1884, respectivamente, e as duas obras importantes de 1888, *Estudos sobre a poesia popular do Brasil* e *História da literatura brasileira*. Antes dele, certos autores como o novelista romântico José de Alencar, assim como Celso de Magalhães, tinham apenas publicado pequenas contribuições esparsas em jornais e revistas sobre a nossa poesia popular. (Andrade, 2019 [1942], p. 27).

Uma das preocupações de Mário de Andrade referiu-se à coleta e registro musical de manifestações populares. Para o escritor modernista, tais manifestações deveriam ser registradas *in loco*, ou seja, diretamente de seus atores. Essa atitude assemelha-se àquela empreendida pelos irmãos Grimm, que, considerando o "povo" como "transmissor fidedigno da tradição", iniciam a coleta de contos e lendas germânicos da "boca do povo", ainda que seus livros fossem publicados com uma "tradução" da fala popular. Por suas obras indicarem de modo detalhado o local em que contos e lendas foram ouvidos, abre-se a possibilidade da realização de um estudo mais sistemático das tradições populares (Ortiz, 1992, p. 24).

Nessa direção, por meio do diálogo epistolar estabelecido entre Mário de Andrade e alguns compositores brasileiros, se solidificava tal sistematização, que entendia estarem nas manifestações populares, e nesse caso na sua música, as expressões da cultura e sua nacionalidade. Chamando aqui a atenção para a troca de correspondências que estabeleceu com dois compositores cariocas, Heitor Villa-Lobos e Luciano Gallet, entre os anos de 1924 e 1931, é possível entrever a arquitetura de um projeto que atribuiu aos músicos, em relação à pesquisa, coleta e organização de uma documentação musical.

Com Villa-Lobos, o autor esperava que o músico pudesse "escrever uma série por exemplo de Vinte Peças Populares brasileiras pra piano.

[...] Um tema popular de moda, de dansa [sic], de lundu harmonizado de maneira tão característica de você" (Andrade, 1925).[44] As circunstâncias históricas que ensejaram o pedido do pesquisador, àquela altura, ligavam-se muito mais a uma notada ausência do uso de temas e referências à música popular no trabalho de compositores da música de concerto.[45] Não se deve perder de vista que a inflexão à etnografia tardaria ainda a acontecer.

Assim, somente a partir de 1927, é que se expressariam os dados concretos das pesquisas etnográficas empreendidas pelo autor. No livro *Ensaio sobre a música brasileira* (1928), em que Mário de Andrade convocou os compositores a produzirem música nacional com base nas fontes populares, também é reivindicado maior rigor na coleta dos documentos, o que implica a realização de pesquisas de campo:

> Nosso folclore musical não tem sido estudado como merece. Os livros que existem sobre eles são deficientes sob todos os pontos de vista. E a preguiça e o egoísmo impede que o compositor vá estudar na fonte as manifestações populares. Quando muito ele se limitará a colher pelo bairro em que mora o que este lhe faz entrar pelo ouvido da janela. (Andrade, 1928, p. 31).

A queixa do autor se direcionava à falta de interesse dos compositores de música de concerto, pois estariam pouco afeitos ao projeto de coleta e inventário das manifestações populares. No entanto, o diálogo epistolar estabelecido com Luciano Gallet sinalizava um outro tipo de preocupação,

---

[44]   Carta de Mário de Andrade a Villa- Lobos, 3 ago. 1925. Acervo do Museu Villa-Lobos, Rio de Janeiro, RJ.

[45]   O desfecho do referido episódio vale a nota. Em 1925, Heitor Villa-Lobos respondeu a carta do autor. "Caro Mário. Atualmente estou escrevendo coisas que te vão interessar muito [...] Escrevi uma longa série de 20 peças cujas formas e processos novos dei o nome de Cirandas. São todas para piano ou pequena orquestra [...]. Em tudo isso, venho completando o meu velhíssimo programa de escrever música regional, ou melhor, de escrever a música deste grande país, sem estilizá-la, nem harmonizá-la, nem tão pouco adaptá-la, no ambiente da técnica musical europeia [...]."
Carta de Heitor Villa-Lobos a Mário de Andrade. 12 abr. 1926. Instituto de Estudos Brasileiros. Arquivo Mário de Andrade. Série Correspondência. MA-C-CPL6991.
Villa-Lobos dizia ter composto uma série de peças que viriam completar o seu "velhíssimo programa" de escrever música do Brasil. Curiosamente, o perfil das peças se ligava ao pedido que Mário de Andrade havia feito ao músico no ano anterior. Em carta de 8 de fevereiro de 1927, mais precisamente em nota manuscrita, Mário de Andrade escreveu a Luciano Gallet que "[...] as Cirandas do Villa provieram duma carta minha? Numa feita escrevi pra ele [...] pedindo pra ele escrever uma serie de peças sobre temas nossos e de meia dificuldade. Pra piano. Saíram dificílimas algumas. Porém não deixo de ter uma satisfação de ter provocado nele uma das obras maiores dele".
Carta de Mário de Andrade a Luciano Gallet. 8 fev. 1927. Arquivo Luciano Gallet. Biblioteca Alberto Nepomuceno. Universidade Federal do Rio de Janeiro.

o da sofisticação. Segundo carta de 7 de abril de 1928, Mário de Andrade disse a Luciano Gallet que

> [...] esta me saindo um folclorista estupendo e até... lamento que você seja musico também. Possui uma paciência estupenda e uma perapicacia [sic] em notar o essencial que palavra que me sarapantou. Os trabalhos que você faz sobre dansas [sic] e sobre o Boi estão ótimos. Absolutamente ótimos. Só por folclorismo mesmo é que tenho muitas dúvidas sobre as complicadíssimas notações rítmicas que você grafou. Isso é muito discutível e tanto mais discutível que estou convencido que não são complicações rítmicas e sim liberdades populares de dicção levando o canto pra um rubato continuo e sempre variável. (Andrade, 1928).[46]

O letramento musical do compositor estaria, em alguma medida, sofisticando em demasia o processo de coleta e transcrição em notação musical, dificultando assim seu entendimento e reprodução. No artigo "Luciano Gallet" (1927), Mário de Andrade afirmou que os documentos folclóricos são tão deficientes que "seria impossível a gente fazer um estudo de valor prático sobre o que foi nossa música popular e como ela evoluiu". Nessa perspectiva, elogiou o trabalho de Gallet, a série *Doze Canções Populares Brasileiras*, considerando-a de "inestimável" valor folclórico e artístico. Todavia, Gallet seria "artista por demais para se sujeitar a esse trabalho etnográfico" (Andrade, 2006, p. 161-162).

Horizontes musicais em campo: técnicas, recursos, geografias e limites

A fim de empreender a coleta do folclore musical, que se manifestaria em locais distantes dos grandes centros urbanos, Mário de Andrade viajou para o Nordeste (1928-1929) do país, onde fez um amplo registro das "Danças dramáticas" da região, como Cabocolinhos, Maracatus, Congos e Bumba-meu-Boi, além da "música de feitiçaria", presentes na Macumba e no Catimbó, realizando, assim, uma análise de aspectos etnomusicais. Desse modo, o escritor objetivava suprir lacunas culturais existentes no país. Entretanto, ainda não possuía uma metodologia rigorosa para o registro das fontes populares, confessando a Luís da Câmara Cascudo uma imperfeição sistemática nos seus registros:

---

[46] Carta de Mário de Andrade a Luciano Gallet. 7 abr. 1928. Arquivo Luciano Gallet. Biblioteca Alberto Nepomuceno. Universidade Federal do Rio de Janeiro.

> Aliás você mesmo viu a afobação e disparate com que andei colhendo os meus tesouros de documentos. Estou cada vez mais convencido de que são tesouros porém sou obrigado a confessar que não são perfeitamente sistemáticos. E a própria afobação da colheita fez com que houvesse falhas nela (MORAES, 2010, p. 163).

Diante do exposto, Mário de Andrade negava ser folclorista, direcionando a documentação para músicos, proposta de seu *Ensaio sobre a música brasileira*. Essa posição foi reforçada em "O Samba Rural Paulista", no qual o autor demonstrou certo arrependimento por ter se considerado "amador" em folclore, tendo em vista as ações do Departamento de Cultura do Município de São Paulo:

> O fato de me ter dedicado a colheitas e estudos folclóricos não derivou nunca duma preocupação científica que eu julgava superior às minhas forças, tempo disponível e outras preocupações. Com minhas colheitas e estudos mais ou menos amadorísticos, só tive em mira conhecer com intimidade a minha gente e proporcionar, a poetas e músicos, documentação popular mais farta onde se inspirassem. Hoje, que os estudos científicos de folclore se desenvolvem bastante em São Paulo, me arrependo raivosamente da falsa covardia que enfraquece tanto a documentação que recolhi pelo Brasil, mas é tarde. (Andrade, 1937, p. 38).

A partir da viagem, Mário de Andrade iniciou o inventário das culturas populares, uma vez que trouxe na bagagem de volta a São Paulo uma vasta documentação, constituindo seu "acervo de brasilidade" (Nogueira, 2005, p. 161-162). Entre 1929 e 1935, trabalhou na organização e escrita de um livro alentado a respeito do folclore musical nordestino que seria denominado *Na pancada do ganzá*.[47] Foi nesse momento que revelou sua face de "homem-de-estudo", a qual seria aprimorada na década de 1930 por vias institucionais. Pode-se notar que, de 1929 em diante, Mário de Andrade atribuiu uma maior atenção àquilo que Maria Laura Cavalcanti denominou "folclore em si", sendo compreendido também como uma

---

[47] O projeto de livro, voltado para o estudo do folclore musical brasileiro — danças dramáticas, melodias do boi e músicas de feitiçaria —, não chegou a ser concluído devido à morte do escritor em 1945. Oneyda Alvarenga se empenhou em organizar parte do material de pesquisa de Mário de Andrade, que foi publicado postumamente, sob os títulos: *Danças dramáticas do Brasil*, *Música de feitiçaria no Brasil*, *Os cocos* e *As melodias do Boi e outras peças*.

"via de pesquisa" (2004, p. 58), ainda que guiada pelo seu projeto de nacionalismo cultural.

No ano de 1935, Mário de Andrade paralisou várias de suas produções para empenhar-se ao cargo de diretor do Departamento de Cultura do Município de São Paulo. Durante sua gestão, promoveu diversos projetos voltados para coleta, registro e inventário do folclore, tendo em vista a criação da Discoteca Municipal (1935), do curso de Etnografia (1936), da Sociedade de Etnografia e Folclore (1937-1939), e da Missão de Pesquisas Folclóricas (1938). Destaca-se a chegada do casal de antropólogos Claude e Dina Lévi-Strauss, também no ano de 1935. Dina Lévi-Strauss, cujo nome de solteira é Dreyfus, teve ampla atuação nas atividades do Departamento, ministrando o curso de Etnografia, com a finalidade de iniciar folcloristas nos trabalhos de campo, a partir da indicação de métodos de padronização da coleta e registro, bem como participando da Sociedade de Etnografia e Folclore, que possuía o objetivo de "orientar, promover e divulgar estudos etnográficos, antropológicos e folclóricos" (SEF., doc. 68), da qual foi sua primeira secretária.

Luísa Valentini interpreta os diálogos entre Mário de Andrade, Dina Dreyfus e Claude Lévi-Strauss como um "laboratório imaginado", em que são desenvolvidos eixos centrais da produção marioandradina:

> O diálogo e a colaboração de Dina Dreyfus e Claude Lévi-Strauss com Mário de Andrade referem-se principalmente a um projeto de implementação de práticas e instituições de pesquisa visando não apenas a institucionalização de disciplinas como a etnografia, o folclore e a antropologia tais como elas vinham sendo debatidas e praticadas em nível internacional, mas também duas preocupações centrais de Mário de Andrade, desenvolvidas em suas experiências institucionais nos anos 30: a preservação cultural e o estímulo a uma produção artística que tivessem a nação como problema fundamental. (Valentini, 2010, p. 33).

No discurso de inauguração do curso de Etnografia, em 1936, Mário de Andrade atribuiu importância à prática da recolha científica de documentos, priorizando-a ao invés da teoria:

> Porque não nos importa ainda que nos orgulhemos de grandes monumentos científicos de Etnografia da altura dum Frazer, dum Tylor, dum Levy-Brühl. Esses monumentos

> virão a seu tempo, e somente quando tivermos ao nosso dispor, documentação legitimamente científica Colher, colher cientificamente nossos costumes, nossas tradições populares, nossos caracteres raciais, esta deve ser a palavra de ordem dos nossos estudos etnográficos (SEF., doc. 3).

Outra crítica de Mário de Andrade em relação à coleta de documentos se refere ao fato deles terem sido "consertados". Em artigo publicado no *Jornal Síntese*, denominado "A situação etnográfica do Brasil", de outubro de 1936, essa ideia é reforçada ao apontar "quadrinhas bem-vestidas", "numa língua muito correta, em que é manifesta a colaboração do recolhedor" (Andrade, 1936). O escritor buscou superar esse método de registro dos documentos populares, exaltando a "língua brasileira" — "Dou as frases dos meus consultados na dicção deles" (2015, p. 301). Ao transcrever as músicas, Mário de Andrade não corrigia as anotações para a norma culta da língua, considerando a experiência concreta dos atores traduzida em uma linguagem própria, que se perderia caso houvesse intervenção externa.

De acordo com Maria Laura Cavalcanti, no pensamento marioandradino, há associação entre folclore e etnografia, sendo que, na maior parte das vezes, "a ideia de etnografia liga-se à preocupação com a autenticidade do material folclórico apresentado nas fontes bibliográficas. Ou seja, foi coletado de fonte segura aquilo que um autor diz sobre um fato folclórico?" (Cavalcanti, 2019, p. 155).

Ainda no artigo publicado no *Jornal Síntese*, Mário de Andrade enfatizou a necessidade de "moços pesquisadores que vão à casa do povo recolher com seriedade e de maneira completa o que esse povo guarda e rapidamente esquece, desnorteado pelo progresso invasor" (Andrade, 1936).

A questão da preservação das manifestações populares era evidente no anteprojeto do Serviço do Patrimônio Artístico Nacional (Span), realizado em 1936,[48] a pedido de Gustavo Capanema, na época ministro de Educação e Saúde Pública, o qual foi a base para o Decreto Lei 25/1937, por meio do qual foi criado o Serviço do Patrimônio Histórico e Artístico Nacional, proposto por Rodrigo Melo Franco de Andrade.

---

[48] Márcia Chuva chama atenção para a ausência do termo histórico na denominação atribuída por Mário de Andrade: "A ausência do termo histórico na denominação dada por Mário de Andrade não implicava na sua desconsideração, mas no entendimento de que esta seria uma dentre as várias categorias por ele criadas para a obra de arte patrimonial — esta sim soa categoria-chave, passível de classificações" (2009, p. 161).

Mário de Andrade situou as "tradições móveis" — folclore e arte popular — como patrimônio:

> Incluem-se nesta terceira categoria todas as manifestações de arte pura ou aplicada, tanto nacional como estrangeira, que de alguma forma interessem à Etnografia, com exclusão da ameríndia [por estar abrangida na categoria 2]. Essas manifestações podem ser:
> a) Objetos: fetiches, cerâmica em geral, indumentária, etc.;
> b) Monumentos: arquitetura popular, cruzeiros, capelas, cruzes mortuárias de beira-estrada, jardins, etc.;
> c) Paisagens: determinados lugares agenciados de forma definitiva pela indústria popular, como vilarejos lacustres vivos da Amazônia, tal morro do Rio de Janeiro, tal agrupamento de mocambos no Recife, etc.;
> d) Folclore: música popular, contos, histórias, lendas, superstições, medicina, receitas culinárias, provérbios, ditos, danças dramáticas, etc. (Andrade, 2023 [1936], p. 407).

O escritor formulou sua noção de patrimônio com base em sua experiência etnográfica, bem como no seu projeto nacional ancorado nas matrizes das culturas populares, unindo, assim, os campos do patrimônio e do folclore.[49] Destaca-se a diferença, ou até mesmo antagonismo, entre o entendimento de patrimônio cultural de Mário de Andrade em comparação ao grupo de intelectuais integrado à rede de Capanema e Rodrigo Melo Franco de Andrade. Nessa concepção, a arte popular "não foi incorporada às práticas de proteção nem ao rol de bens culturais passíveis de se tornarem patrimônio", havendo predomínio da proteção de bens materiais, especialmente arquitetônicos, relativos ao período colonial (Chuva, 2012, p. 153).

De acordo com Pedro Fragelli, Mário de Andrade teria maior interesse por "bens" culturais que se transformam continuamente; assim, ao concentrar sua atenção na cultura imaterial, o escritor modernista sugere uma ideia de patrimônio artístico mais ampla do que a concepção vigente no período: "quebra-se a tradicional identificação do

---

[49] O "patrimônio folclórico" apenas adentrou o Instituto do Patrimônio Histórico e Artístico Nacional (Iphan) sob os nomes de "cultura popular" e "patrimônio imaterial" no final da década de 1980, no contexto da promulgação da Constituição de 1988. *Cf.*: CECP — Centro de Estudos da Cultura Popular. *Dossiê do Samba de Bumbo Paulista*. São José dos Campos, SP. 2022. p. 13–14. Disponível em: https://www.gov.br/iphan/pt-br/assuntos/noticias/samba-de-bumbo-paulista-e-reconhecido-como-patrimonio-cultural-do-brasil/copy4_of_DOSSIE_SAMBA_DE_BUMBO_PAULISTA.pdf/view.

patrimônio artístico com a propriedade privada e com a cultura das elites" (2020, p. 146).

Na concepção de Mário de Andrade, o Departamento de Cultura da Municipalidade de São Paulo (1935) e o Serviço do Patrimônio Histórico e Artístico Nacional (1937) fixaram "uma tendência nova" e "muito mais energeticamente científica" para os estudos do folclore (Andrade, 2019 [1942], p. 32). É dentro dessa perspectiva que publica "O Samba Rural Paulista".

Do bumbo ao fonógrafo: samba, ciência e a institucionalização dos saberes musicais

Em 1937, foi publicado "O Samba Rural Paulista", texto que contou com a contribuição de Mário Wagner, uma vez que sua monografia final apresentada ao curso de Etnografia, intitulada "Descrição da festa do Bom Jesus de Pirapora", fundamentou o texto de Mário de Andrade.[50] Contudo, enquanto Mário Wagner dedicou-se também à descrição geral da festa, dos indivíduos e da cidade, Mário de Andrade concentrou-se no registro do samba.

Tendo em vista a metodologia exposta no curso de Etnografia, Mário de Andrade fez minuciosa descrição do samba presenciado. A análise do autor engloba a exposição detalhada dos atores da dança, a diferenciação de papéis de homens e mulheres, assim como apresentação dos instrumentos, da coreografia e das melodias, além de ressaltar as heranças culturais e musicais africanas. O texto, que, segundo Elizabeth Travassos, assemelha-se a uma "monografia científica" (2002, p. 97), é dividido em seções: "O samba", "Processo da colheita documental"; "Da consulta coletiva"; "Coreografia"; "Textos-melodia"; "Instrumental", "Estrutura do samba" e "Conclusão". Mário de Andrade apresentou um total de 60 documentos sendo esses sambas colhidos pelo próprio punho, assim como documentos colhidos por José Bento Faria Ferraz e Luís Saia, tendo este também participado do curso de Etnografia e assumido liderança na Missão de Pesquisas Folclóricas de 1938.

Segundo seus registros, Mário de Andrade presenciou quatro vezes as manifestações que denominou "Samba Rural" de São Paulo:

---

[50]   Os trabalhos foram publicados conjuntamente no volume 41 da *Revista do Arquivo Municipal*.

> As primeiras observações foram devidas ao simples acaso pelos carnavais paulistanos de 1931, 33 e 34. Já neste ano de 1937 parei propositalmente em Pirapora na noite de 4 de agosto com a intenção determinada de assistir aos sambas (Andrade, 1937, p. 37).

Em 1931, parece ter se deparado com o samba por acaso, o que remete às suas expedições como "turista aprendiz", por exemplo, quando registra duas melodias da Ciranda em uma caixa de cigarros durante a viagem ao Norte, no dia 12 de junho de 1927, em Caiçara, no Alto do Solimões: "As circunstâncias que assisti à dança dramática Ciranda me impediram de a recolher completa e mesmo de conservar dela memória muito precisa" (Andrade, 2015, p. 47).

No ano de 1933 colheu quatro peças, com algumas imprecisões: "me afirmaram que eram, gente do interior, não lembro mais si de Sorocaba ou de Botucatu, perdida a nota 'que tomei na ocasião" (Andrade, 1937, p. 38). O autor observa certa decadência em relação ao ano anterior:

> Embora o samba estivesse bastante animado, sube que já decaia dos anos anteriores, não só o grupo era menor, como a liberdosa irreverência com que gente estranha, brancos da Capital, se intrometiam na dança, atrapalhava e desolava os dançadores 'verdadeiros' (Andrade, 1937, p. 38).

Em 1934, Mário de Andrade já teria maiores "intenções folclóricas", colhendo cinco peças, todavia, o grupo havia se desagregado: "São Paulo era inóspito para a folia deles" (Andrade, 1937, p. 38).

No ano de 1937, em Pirapora, apesar de conseguir "uma colheita muito mais frutuosa e completada", a festa estava enfraquecida devido à reação dos padres e do excesso de repressão policial contra a parte profana do festejo:

> A repressão conjugada vinda de parte da Igreja, política e polícia, foram fatores de inibição e enfraquecimento do Samba. O caso de Pirapora do Bom Jesus não foi isolado; na literatura, encontram-se diversas manifestações religiosas e socioculturais afro-brasileiras que enfrentam intensa repressão nos meios político, religioso e policial. (Yade, 2015, p. 200-201).

A repressão pela polícia é frequentemente citada nas crônicas de viagem de *O turista aprendiz*, reivindicando a proteção dessas manifestações por vias institucionais:[51]

> Hoje o Boi, do Alecrim, saiu pra rua e está dançando pros natalenses. Os coitados estão inteiramente às nossas ordens só porque Luís da Câmara Cascudo, e eu de embrulho, conseguimos que pudessem dançar na rua sem pagar a licença na Polícia. Infelizmente é assim, sim. Civilização brasileira consiste em empecilhar as tradições vivas que possuímos de mais nossas. Que a Polícia obrigue os blocos a tirarem licença muito que bem, pra controlar as bagunças e os chinfrins, mas que faça essa gente pobríssima, além dos sacrifícios que já faz pra encenar a dança, pagar licença, não entendo. Seria justo mas é que protegessem os blocos, Prefeitura, Estado: construíssem palanques especiais nas praças públicas centrais, instituíssem prêmios em dinheiro dados em concurso. (Andrade, 2015, p. 380).

Em Pirapora do Bom Jesus, Mário de Andrade colheu treze documentos incluindo melodia e textos. Foi acompanhado de José Bento Faria Ferraz, que contribuiu registrando dezessete textos, embora tenha deixado de observar detalhes fonéticos. Também estiveram presentes nessa viagem Lévi-Strauss, supostamente acompanhado por Dina, e Mário Wagner Vieira da Cunha, que já havia presenciado a festa em 1936 (Valenti, 2010, p. 146) e cuja monografia é citada por Mário de Andrade sobretudo no que se refere à "consulta coletiva" — chamada por Mário Wagner de "atirar a deixa" — também presente no jongo paulista:

> Nesse momento, em que o grupo parado e sem acompanhamento instrumental, se concerta pra, diante das inspirações ou relembranças dum solista, escolher a dança nova, nesses momentos de verdadeira pesquisa popular é que as criações melódicas e textuais variam mais, aparecem mais ricas, às vezes tiradas longas, de caráter improvisatório, bem bonitas. (Andrade, 1937, p. 55).

Mário de Andrade concentrou-se na descrição dos atores do samba: "Reúne-se um grupo de indivíduos, na enorme maioria negros e seus

---

51 Em 1941 foi fundada a Sociedade Brasileira de Folclore, por Luís da Câmara Cascudo, no Rio Grande do Norte. A Sociedade estava alinhada com as pretensões de Mário de Andrade, tendo o objetivo de "estimular a fundação de núcleos congêneres em todos os estados do país" que formariam "uma corrente destinada a estimular e proteger as manifestações populares locais de cunho folclórico, bem como a realizar pesquisas de campo e estudos de ordem monográfica" (Andrade, 2019 [1942], p. 35).

descendentes pra dançarem o samba" (Andrade, 1937, p. 40). Nessa perspectiva, destacou o caráter coletivo da dança, formada por indivíduos de ambos os sexos, mas somente os homens são responsáveis por tocar os instrumentos: "Instrumentos que o sistematicamente de percussão, em que o bumbo domina visivelmente" (Andrade, 1937, p. 42), possuindo colocação central na fila dos instrumentistas; por esse motivo, a dança é popularmente conhecida como "Samba de Bumbo". Mário de Andrade procurou analisar a terminologia da palavra "samba":

> Na terminologia dos negros que observei, a palavra "samba" tanto designa todas as danças da noite como cada uma delas em particular. Tanto se diz "ontem o samba esteve melhor" como "agora sou eu que tiro o samba. A palavra ainda designa o grupo associado pra dançar sambas. O dono-do-samba de São Paulo me falou que este ano "o samba de Campinas não vem". E outros acrescentaram que a qualquer momento devia chegar a Pirapora "o samba de Sorocaba". Em 1933 os negros falavam indiferentemente "samba" ou "batuque" (Andrade, 1937, p. 43).

Além disso, o autor destacou aspectos sobre o ritmo do samba, que geraria "um frenesi fisiológico que se manifesta por todo o corpo, com liberdade" (Andrade, 1937, p. 44). Em *Música de feitiçaria no Brasil* (1933), o autor destacou que o ritmo é capaz de atuar "poderosamente sobre o físico, entorpecendo, dionisando", sendo uma espécie de "força hipnótica" (Andrade, 2002, p. 41). O caráter hipnótico provocado pelo ritmo também foi acentuado na descrição do samba feita por Mário Wagner: "O ritmo da música, o monótono ir e vir acabam por colocar a todos, assistentes e dançadores num estado que se vai aproximando da hipnose" (Cunha, 1937, p. 22). Pela letra dos autores, veja-se que ambos colocam o ritmo como aspecto central da condução sonora. Mário de Andrade, em conferência proferida no ano de 1937, afirmou que

> Na música, como os sons não são representação de coisa alguma, e as melodias são puras imagens sonoras de sentido próprio, o ritmo se apresenta puro, indisfarçado, não desviado, contendo sua significação em si mesmo. Daí poder ele manifestar doa a sua violenta força dinamogênica sobre o indivíduo e sobre as multidões. (Andrade, 1972, p. 13-14).

No estado de entorpecimento, "cada qual gesticula como quer, entoa a melodia como quer", o que resultaria em "enorme dificuldade de colheita". Quando os participantes do samba estão "entontecidos pela pinga", fornecida pelo dono-do-samba, um ou outro parece ter noção mais nítida de arte" (Andrade, 1937, p. 44). Em sua série de crônicas a respeito do cantador nordestino publicada no jornal *Folha da Manhã*, o escritor também chama atenção para o consumo de bebidas pelo cantador, que contribuiria para seu estado de "vertigem" durante o improviso, nos textos "Cantador Cachaceiro (I) e Cantador Cachaceiro (II), caracterizando-o como um costume nacional: "Existe um costume popular do ato de beber, generalizado por todo o Brasil, que causa espanto a muita gente" (Andrade, 1993 [1943], p. 91) Além disso, o som produzido dos instrumentos de percussão dificultaria ainda mais o registro do samba.

A fim de aprimorar a metodologia de registro, o autor reivindicou a necessidade de recorrer a meios mecânicos como o disco e o filme, que complementariam as notas manuais, uma vez que as "máquinas registradoras" também apresentariam deficiências:

> Por agora, pelo menos, julgo que o melhor processo é colocar o microfone como se fosse um observador humano qualquer, isto é, a distância pequena do samba, e registrar assim, com microfone imóvel. E completar o registro obtido pela colheita e observações de pesquisadores especializados. O registro não será no caso o mais importante. Será um complemento das colheitas por meios manuais, destinado apenas a fixar o infixável por meios não mecânicos: timbre, sonoridade geral, possivelmente algumas variantes, e (filme) o aspecto geral e particularidades individualistas da coreografia. (Andrade, 1993 [1943], p. 45).

Mário de Andrade remeteu à experiência da Discoteca Pública Municipal, que obteve licença para funcionamento em 27 de junho de 1935, com o objetivo de formar um acervo de música. As primeiras experiências ocorrem no final do mesmo ano, quando o gravador *Presto Recorder*, para a gravação em campo, é adquirido pela Discoteca. Dentro dessa perspectiva, o anteprojeto para criação do Serviço do Patrimônio Histórico e Artístico Nacional propunha, além da gravação e da filmagem, o registro em livros de tombo das danças e músicas populares (Toni, 2008, p. 29), o que tornaria a documentação mais "controlável e científica" (Andrade, 1937, p. 56).

No curso de Etnografia, de Dina Dreyfus, na 8ª aula, "Folklore: a música", foi discutido o sistema ideal de anotação do folclore musical, destacando-se a gravação mecânica: o fonógrafo registrador e o filme sonoro. O fonógrafo seria o método mais simples, mas também mais imperfeito, já que dependeria de o sujeito colocar-se próximo do aparelho. O filme sonoro teria valor elevado e de difícil transporte, mas seriam obtidos registros perfeitos:

> O FONÓGRAFO - é ao mesmo tempo o meio mais simples e mais imperfeito. Imperfeito, porque depende da boa vontade do sujeito em colocar-se na proximidade do aparelho e executar ou cantar. Exige, principalmente entre populações indígenas, um constrangimento tão grande, que às vezes é absolutamente impossível consegui-lo. Se, pois, tem a grande vantagem de ser extremamente fácil de manejar, apresenta o inconveniente de encontrar resistência da parte do observado.
>
> O FILME SONORO - apresenta o grande inconveniente de custar muito caro, o que o torna proibitivo a não ser em grandes e poderosas expedições. Além de caro, necessitando baterias de chumbo, é de transporte difícil [...] Em compensação, obtêm-se anotações perfeitas. Em primeiro lugar, não é necessário recorrer à boa vontade do sujeito: o operador pode esconder na mão o microfone, ligado à máquina por correias longas, e colocar-se junto ao executante sem que este perceba o truque. Depois, registra ao mesmo tempo o canto, a música, danças, instrumentos, personagens, enfim, um conjunto completo (SEF., doc. 10).

O método de registro por meio do equipamento mecânico foi utilizado na Missão de Pesquisas Folclóricas, em 1938, em que Luís Saia, Martin Braunwieser, Benedicto Pacheco e Antonio Ladeira foram enviados para cidades do Nordeste brasileiro com o objetivo de colher grande quantidade de manifestações culturais.

Dina Dreyfus ressaltou a importância da fotografia e do cinema, sendo o último o único meio completo de anotação para se observar as danças, mas estas deveriam ser completadas com "descrições e desenhos" (SEF., doc. 12). A especificidade do que denominou "samba rural paulista", para Mário de Andrade, se daria pela coreografia, uma vez que, em relação à forma estrutural, as peças dele se confundiram com as do jongo ou com as dos cocos nordestinos "menos elaborados".

A posição para dançar o samba seria "conservar o corpo inclinado para a frente flexionado nas ancas e nos joelhos" (Andrade, 1937, p. 59).

O autor teve o cuidado de ilustrar, por meio de fotografias e desenhos, as posições coreográficas. Mário de Andrade já havia explorado recursos fotográficos durante suas "viagens etnográficas" em que utilizou sua câmera Kodak como instrumento de registro além das anotações manuais.

A dança se distinguiria do "batuque" ou do "samba mais tradicional descrito pelos viajantes" devido às suas características: "não é uma dança de par, mas coletiva; cuja disposição não é o círculo mas o paralelismo dos dançantes em fileira; e onde não existe a umbigada" (Andrade, 1937, p. 42). Mário de Andrade considerou a coreografia precária, mas repleta de sensualidade, marcada pelo "incerto rebolar de ancas", o que é observado na descrição do samba da noite de 14 de fevereiro de 1931:

> O tocador do bumbo era um negrão esplêndido, camisa de meia azul-marinho, maravilhosa musculatura envernizada, com seus 35 anos de valor. Nisto vem pela primeira vez sambando em frente dele uma pretinha nova, de boa doçura, que entusiasmou o negrão. Começou dançando com despudorada eloquência e encostou o bumbo com afogo bruto na negrinha. O par ficou admirável. [...] Era impossível não sentir que o negrão, afastado da negrinha, mandava o seu gozo todo pro instrumento. [...] Nunca senti maior sensação artística de sexualidade, que diante daquele par cujo contato físico era no entanto realizado através dum grande bumbo. Era sensualidade? (Andrade, 1937, p. 42).

Nota-se a sensualidade como característica constante nas danças e cantos populares, descrita em manifestações presenciadas na viagem ao Nordeste como no Pastoril — dançam com um ar de "frevo", num mexido sensual tão inconsciente como a fatalidade (Andrade, 2015, p. 288) — e no canto do coqueiro Chico Antônio, que cantaria com um timbre "nosso muito, firme, sensual, acalorado por esse jeito nasal de cantar que é uma constância de todo povo brasileiro" (Andrade, 1993, p. 169). Mário Wagner, em sua monografia, acentuou um "roçar e esfregar de corpos" e ressaltou os movimentos de "um negro de 25 anos": "negro, ao mesmo tempo que revolvia os ombros, realizava, ao compasso da música, um amplo e cadenciado revolte o dos quadris, lentamente como se estes estivessem pejados de sensualidade" (Cunha, 1937, p. 22).

O escritor também se dedicou à descrição instrumental do samba. O curso de Etnografia de Dina Dreyfus apresentou a ficha musical de descrição dos instrumentos, incluindo: forma geral, dimensões, natureza do material empregado e técnica de fabricação (SEF., doc. 11), sendo essas descrições adotadas por Mário de Andrade:

> Em 1931 o 'bumba' (bumbo), um tambor, um 'maracá' de lata, um ganzá improvisado com uma lata cilíndrica fechada e pedrinhas dentro, um pandeiro comum e outro excepcionalmente grande e curioso, de 50 cm de diâmetro, feito com um arco de lata" (Andrade, 1937, p. 82).

O escritor observou que a criação formal melódica dos afronegros de São Paulo teria sido "empobrecida" pela "forma tradicional europeia que acabou dominado". Concluiu que os negros-africanos possuíam grau elevado de desenvolvimento rítmico-musical, adotando os "processos estruturais da música europeia". Todavia, "Não puderam [...] aceitar e tradicionalizar em si, as formas poéticas mais complexas, que nos vieram também da Europa, pelo maior grau de inteligência lógica que essas formas exigiam", dessa maneira, conclui que haveria "maior precariedade de inteligência lógica coletiva, isto é, normal entre os afro-brasileiros" (Andrade, 1937, p. 85).

A partir da reconstrução da formação etnográfica de Mário de Andrade, Telê Ancona Lopez indica o contato do escritor com trabalhos de antropólogos como Lévy-Brühl e seu conceito de mentalidade primitiva ou "pré-lógica" (1972, p. 11-118). A bibliografia utilizada por Mário de Andrade para o tratamento do material folclórico é, em sua maioria, de filiação evolucionista, ressaltando, além de Lévy-Brühl, Frazer e Tylor. Nessa perspectiva, a análise do folclore é compreendida como "a sobrevivência do elemento primitivo" (Jardim, 1990, p. 82).

Essa identificação também é realizada para se referir ao cantador nordestino, o qual teria "aquele princípio da mentalidade primitiva", que faz "os seres primários 'confundirem o que nós distinguimos'". Em entrevista de Chico Antônio apresentada por Mário de Andrade ao *Correio da Manhã*, de 5 de março de 1944, o cantador afirma com profunda convicção ter ido ao inferno e vencido o Diabo em um desafio; a partir dessa identificação, Mário conclui que, para o cantador, o sonho, assim como o desejo, "vale a realidade" (Andrade, 1993, p. 127). Desse modo, Mário de Andrade acreditava que a pesquisa folclórica demandava desvendar hábitos mentais distintos, aparentemente "irracionais" (Travassos, 2002, p. 103).

Na conclusão do texto, estabelece uma lista do que resta de essencialmente negro no "samba rural", como o emprego exclusivo da percussão, a supremacia do bumbo, o canto responsorial e a improvisação.

O texto deixa evidente a face de Mário de Andrade pesquisador, apesar de algumas divergências em relação à sistematização de Dina Dreyfus. Luísa Valentini destaca ausências na bibliografia das apostilas do curso de Etnografia: "a do folclore como disciplina, da religião como temática de investigação, e de trabalhos relativos à cultura africana" (Valentini, 2010, p. 119).

Contrapontos

Iluminar as possibilidades históricas e culturais apresentadas no texto "O Samba Rural Paulista" (1937), juntamente com os debates que dali germinaram, também enseja alguma reflexão sobre seus próprios limites. Isso significa dizer algo sobre as historicidades que se cruzam a partir da leitura do texto ou, em outras palavras, os sentidos que a leitura da obra sobre o samba paulista pode suscitar à luz do presente.

Como se procurou demonstrar, o empenho em registrar, inventariar e dar sentido artístico às práticas populares assumiu, na expressão de Mário de Andrade, um agenciamento que passava pela produção de livros, artigos e conferências, por um lado, e por outro pela sensibilização, comunicação e composição de redes com interlocutores diversos, também entrecortados pelos interesses ligados às culturas populares. Respondendo, portanto, às condições técnicas que constituíam dadas circunstâncias históricas, o trabalho de coleta etnográfica assumia feições progressivamente mais sofisticadas. Se antes baseado na livre transcrição dos saberes transmitidos pelas tradições oralizadas; com o tempo, ao lado da escuta ativa, o uso e manuseio de fonógrafos e filmes tornou-se flagrante. Se a obsessão pelo registro do imediato era manifesta, o que, no entanto, esses métodos, técnicas e artefatos deixariam de lado?

A predominância dos saberes eurocentrados respondia aos dispositivos científicos que faziam parte da arquitetura, letramento e cultura da paisagem intelectual desde as últimas décadas do século XIX alçando as primeiras décadas do século XX. Os saberes de uma ciência à europeia eram densamente constituídos por uma ossatura em que racismos e identidades se lançavam em perguntar, reconhecer e identificar quem era a gente do Brasil.

> No caso brasileiro, a tarefa de reconhecer "o povo" como agente histórico (e político) tinha um complicador de grandes proporções: "o povo" era, em larga medida, indígena, negro e mestiço. E foram justamente os não-brancos que estavam na alça de mira dos discursos deterministas e científico-racialistas dos autores europeus que os intelectuais brasileiros [...] liam. (Schneider, 2019, p. 30).

Daí a necessidade de lançar mão da identificação, inventariar e, acima de tudo, diferenciar as manifestações culturais, que era uma prática que, em alguma medida, se apresentava ao horizonte dos interesses daqueles intelectuais. A particularidade do empenho etnográfico de Mário de Andrade, naturalmente, não deve ser entendida como dissociada de uma certa tradição cientificista. Todavia, interpretar a obra marioandradina como tributária dessa tradição seria operar generalismo desmedido com as próprias singularidades e idiossincrasias de um autor, ele mesmo múltiplo, diverso e complexo. Se era possível que as questões de método fossem guiadas por lentes francesas, os objetos mirados por essas mesmas lentes eram francamente brasileiros. Dessa forma, é que se sugere pensar, em contrapartida ao que foi discutido, os ocultamentos e apagamentos operados pela letra de Andrade.

De saída, propõe-se uma reflexão acerca da nomeação da manifestação estudada, que acabou por figurar também no título do trabalho. A denominação "Samba Rural Paulista" foi atribuída pelo próprio Mário de Andrade. "No clássico ensaio intitulado O Samba Rural Paulista (1937) existe preocupação 'terminológica', com a tentativa inaugural de se classificar a modalidade de samba presente no interior paulista", nessa perspectiva os adjetivos "rural" e "paulista" teriam a finalidade de enfatizar seus espaços de ocorrência (Almeida; Frugiuele, 2016, p. 127-128). Quais os sentidos possíveis para os adjetivos, portanto?

Os próprios atores da manifestação cultural não utilizam a denominação "samba rural paulista" para designá-la, sendo essa nomenclatura estabelecida pelo olhar exterior do escritor paulista, que assume a posição de observador-etnógrafo. Assim, "o termo se impôs a partir de fora dos grupos envolvidos na produção do Samba em questão por força da estatura intelectual e da ascendência de Mário de Andrade" (Manzatti, 2005, p. 50).

Mais do que isso, a preponderância do letramento que institui os saberes para a forma escrita cristaliza e confere status hegemônico à palavra, deixando de lado a plasticidade viva das manifestações em movimento.

Conscientes ou não, as escolhas tomadas pelo etnógrafo em sua narrativa acabaram por ocultar uma dimensão radicalmente decisiva da manifestação registrada, a saber, a sua dimensão histórica. Daí, em algum sentido, é possível atribuir-se um limite de método muito mais do que da vontade e do empenho, que, no entanto, particularizam uma perspectiva sedimentada pela europeização do olhar. Em outras palavras, o que escapou à interpretação de Mário de Andrade foi que

> [...] os grupos negros tiveram que rearranjar os sistemas de valores, ora em consonância com a cidade da técnica, do urbanismo e arquitetura monumental, ora com os modos de viver pautados em comunitarismos, oralidade, práticas de religiosidades, musicalidades com traços culturais herdados dos escravizados. (Azevedo, 2016, p. 20).

Dessa forma, as manifestações anunciavam formas de ser onde, "os saberes musicais e performáticos permitiram manter uma dimensão estética de um ser e estar negro nas urbanidades e configuraram uma filosofia da diáspora desobediente à racionalidade da técnica na cidade" (Azevedo, 2016, p. 22).

Pode parecer injustiça histórica associar ou mesmo atribuir alguma insensibilidade do autor referente às questões a eles lançadas. Ao olhar retrospectivo, essas questões germinam como frutos do presente que se vive. Isso significa, de alguma forma, ter um olhar triunfante sobre o passado, uma vez que daqui se sabem, ou pelo menos se almeja saber, os caminhos e consequências que justificaram, possibilitaram e lançaram tais empreendimentos, com uma exclusiva vantagem, os desfechos já foram dados.

Considerações finais

O texto "O Samba Rural Paulista" está inserido na tentativa de Mário de Andrade de atribuir maior rigor científico à coleta e registro de materiais musicais, estando alinhado aos projetos atrelados ao Departamento de Cultura e derivado da experiência do escritor na "viagem etnográfica" ao Nordeste. Esse esforço de aperfeiçoar uma metodologia de caráter científico para coleta e registro das expressões das culturas populares também se deve ao significado atribuído ao folclore pelos intelectuais como "campo revelador da identidade nacional" (Nogueira, 2005, p. 262).

No ano de 1938, os projetos de Mário de Andrade, voltados à pesquisa do "folclore" por vias institucionais, que gerou vasto acervo de documentos de músicas e danças populares, são interrompidos devido à intervenção do Estado Novo, não tendo continuidade na gestão de Prestes Maia: "Infelizmente com as convulsões políticas internas sofridas pelo estado de São Paulo em 1938, todo esse rico acervo ainda não foi estudado nem pode ser aumentado" (Andrade, 2019 [1942], p. 25).

Mário de Andrade expressou sua decepção em relação aos estudos do Folclore no Brasil, que, apesar dos esforços empreendidos durante a sua gestão no Departamento, em 1942, ainda não tinha sido concebido como um processo de conhecimento, já que era entendido, muitas vezes, como uma "ciência subalterna", destinada à diversão burguesa:

> Na maioria das suas manifestações, [o Folclore] é antes uma forma burguesa de prazer (leituras agradáveis, audições de passatempo) que consiste em aproveitar exclusivamente as "artes" folclóricas, no que elas podem apresentar de bonito para as classes superiores (Andrade, 2019 [1942], p. 26).

Esse aguçamento da necessidade do estudo científico e sistematizado das manifestações folclóricas é aliado à necessidade de sua preservação.

Dessa forma, foi possível observar, por um lado, a proeminência de Mário de Andrade no que tange à patrimonialização da cultura imaterial e ao registro do Samba de Bumbo Paulista, já que, tomado como ponto de referência nos aspectos históricos da sistematização do samba, teve seu nome alçado ao dossiê que levou a manifestação ao reconhecimento pelo Iphan.

Por outro lado, no entanto, não se pode negar que os lastros históricos da manifestação, sobretudo os sentidos de resistência, sincretismo religioso e o próprio cativeiro, foram pouco tematizados por ele. Fosse pelo método utilizado no exercício etnográfico ou pelos próprios limites de perspectivas impostas pelas circunstâncias históricas, o samba, como se procurou contrapor, carrega em si a memória, a elaboração e a construção de novas formas de sociabilidade dos povos negros em movimento, como resistência e luta.

Referências

ANDRADE, Mário de. *Ensaio sobre a música brasileira*. São Paulo: Chiarato & Cia Editores, 1928.

ANDRADE, Mário de. A situação etnográfica do Brasil. *Jornal Síntese*, Belo Horizonte, 1936.

ANDRADE, Mário de. O Samba Rural Paulista. *Revista do Arquivo Municipal*, São Paulo, Departamento de Cultura, v. XLI, 1937.

ANDRADE, Mário de. *Vida do Cantador*. Edição crítica de Raimunda de Brito Batista. Belo Horizonte/Rio de Janeiro: Vila Rica, 1993.

ANDRADE, Mário de. As Danças Dramáticas do Brasil (1934). *In*: ALVARENGA, Oneyda (org.). *Danças dramáticas do Brasil*. Belo Horizonte: Itatiaia, 2002.

ANDRADE, Mário de. Apêndice V: Na pancada do ganzá [Prefácio 1934]. *In*: ANDRADE, Mário de. *Os cocos*. Preparação, ilustração e notas de Oneyda Alvarenga. Belo Horizonte: Itatiaia, 2002.

ANDRADE, Mário de. Luciano Gallet. *In*: ANDRADE, Mário de. *Música, doce música*. 3. ed. Belo Horizonte: Itatiaia, 2006.

ANDRADE, Mário de. Música de Feitiçaria no Brasil (conferência literária). *In*: ANDRADE, Mário de. *Música de Feitiçaria no Brasil*. Belo Horizonte: Itatiaia, 2006.

ANDRADE, Mário de. *O turista aprendiz*. Organização de Telê Ancona Lopez e Tatiana Figueiredo. Brasília: Iphan, 2015.

ANDRADE, Mário de. Terapêutica musical. *In*: ANDRADE, Mário de. *Namoros com a Medicina*. São Paulo: Martins, 1972.

ANDRADE, Mário de. O folclore no Brasil [1942]. *In*: ANDRADE, Mário de. *Aspectos do folclore brasileiro*. São Paulo: Global, 2019.

ANDRADE, Mário de. *Mário de Andrade, Rodrigo M. F. de Andrade*: correspondência anotada. 1. ed. São Paulo: Todavia, 2023.

ALMEIDA, Manoel Mourivaldo Santiago; FRUGIUELE, Mario Santin. Estudo das fontes de O samba rural paulista: tradição e variantes autorais. *Signótica*, Goiânia, v. 28, n. 1, 2016.

AZEVEDO, Amailton Magno. *Sambas, quintais e arranha-céus*: as micro-áfricas em São Paulo. São Paulo: Olho d'Água, 2016.

BURKE, Peter. *Cultura popular na Idade Moderna*. São Paulo: Companhia das Letras, 2009.

CECP — Centro de Estudos da Cultura Popular. *Dossiê do Samba de Bumbo Paulista*. São José dos Campos, SP. 2022. 540 p. Disponível em: https://www.gov.br/iphan/pt-br/assuntos/noticias/samba-de-bumbo-paulista-e-reconhecido-como-patrimonio-cultural-do-brasil/copy4_of_DOSSIE_SAMBA_DE_BUMBO_PAULISTA.pdf/view. Acesso em: 15 ago. 2024.

CLARO, Silene Ferreira. *Revista do Arquivo Municipal de São Paulo*: um espaço científico e cultural esquecido (proposta inicial e as mudanças na trajetória — 1934-1950). Tese (Doutorado). Universidade de São Paulo. São Paulo, 2008.

CHUVA, Márcia. Por uma história da noção de patrimônio cultural no Brasil. *Revista do Patrimônio Artístico Nacional*, n. 34.

CHUVA, Márcia. *Os arquitetos da memória*. Sociogênese das práticas de preservação do patrimônio cultural no Brasil (1930-1940). Rio de Janeiro: UFRJ, 2009.

FRAGELLI, Pedro. Tradição e revolução: Mário de Andrade e o patrimônio histórico e artístico nacional. *Revista do Instituto de Estudos Brasileiros*, Brasil, n. 75, p. 144-161, abr. 2020.

JARDIM, Eduardo. Mário de Andrade: Retrato do Brasil. *In*: BERRIEL, Carlos Eduardo (org.). *Mário de Andrade hoje*. São Paulo: Ensaio, 1990.

LOPEZ, Telê Ancona. *Mário de Andrade*: ramais e caminho. São Paulo: Duas Cidades, 1972.

MANZATTI, Marcelo Simon. *Samba Paulista, do centro cafeeiro à periferia do centro*: estudo sobre o Samba de Bumbo ou Samba Rural Paulista. Dissertação (mestrado). Pontifícia Universidade Católica de São Paulo. São Paulo, 2005.

MORAES, Marcos Antonio de (org.). *Câmara Cascudo e Mário de Andrade*: cartas, 1924-1944. São Paulo: Global Editora, 2010.

NOGUEIRA, Antonio Gilberto Ramos. *Por um inventário dos sentidos*: Mário de Andrade e a concepção de patrimônio e inventário. São Paulo: Hucitec; Fapesp, 2005.

ORTIZ, Renato. *Românticos e Folcloristas*. Cultura Popular. São Paulo: Olho d'Água, 1992.

PÁDUA, Vilani Maria de. *Mário de Andrade e a estética do bumba-meu-boi*. Tese (Doutorado em Teoria Literária e Literatura Comparada). Universidade de São Paulo. São Paulo, 2010.

SANDRONI, Carlos. Notas sobre etnografia em Mário de Andrade. *Estudos Avançados*, São Paulo, v. 36, n. 104, 2022.

SCHNEIDER, Alberto Luiz. *Sílvio Romero Hermeneuta do Brasil*: três raças e miscigenação na formação de uma imagem de brasilidade. São Paulo: Annablume, 2006.

SCHNEIDER, Alberto Luiz. *Capítulos de história intelectual*: racismos, identidades e alteridades na reflexão sobre o Brasil. São Paulo: Alameda, 2019.

TRAVASSOS, Elizabeth. Mário e o Folclore. *Revista do Patrimônio Artístico Nacional*, n. 30, 2002.

VALENTINI, Luísa. *Um laboratório de antropologia*: o encontro entre Mário de Andrade, Dina Dreyfus e Claude Lévi-Strauss (1935-1938). Dissertação (Mestrado em Antropologia Social). Universidade de São Paulo. São Paulo, 2010.

VILHENA, Rodolfo Luís. *Projeto Missão*: o movimento folclórico brasileiro (1947-1964). Rio de Janeiro: Funarte; Fundação Getulio Vargas, 1997.

YADE, Juliana de Souza Mavoungou. *Vozes e territorialidades no pós-abolição*: histórias de famílias e resistência identitária — O caso do Cururuquara. 2015. 252 f. Tese (Doutorado). Universidade Federal do Ceará, Programa de Pós-Graduação em Educação Brasileira. Fortaleza, 2015.

Minuta da palestra de inauguração do Curso de Etnografia [Mário de Andrade] (SEF., doc. 3).

Apostila do Curso de Etnografia, 5ª e 6ª aulas: O Folclore [Dina Lévi-Strauss] (SEF., doc. 8).

Apostila do Curso de Etnografia, 8ª aula: Folclore, a música [Dina Lévi-Strauss] (SEF., doc. 10).

Apostila do Curso de Etnografia, 9ª e 10ª aulas: Instrumentos musicais [Dina Lévi-Strauss] (SEF., doc. 11).

Apostila do Curso de Etnografia, 11ª aula: A dança e o drama [Dina Lévi- Strauss] (SEF., doc. 12).

Relatório da 1ª Diretoria da SEF, maio de 1937 a maio de 1938, Lavínia Costa Villela, Secretária da SEF. São Paulo, 1º de junho de 1937 [sic]. (SEF., doc. 68).

CAPÍTULO 5

OPINIÃO E GOLPE: A PESQUISA DE OPINIÃO IBOPE NO PERÍODO PRÉ-GOLPE DE 1964

Vitor Arzani Martins
Olga Brites

Introdução

A análise a seguir tem sua origem nas provocações feitas pelo professor Luiz Antônio Dias, em uma série de reportagens para a Agência Câmara de Notícias que abordam as pesquisas de opinião do Instituto Brasileiro de Opinião Pública e Estatística (Ibope) acerca da popularidade de João Goulart no período imediatamente anterior ao golpe de Estado de 1964.[52]

Buscaremos analisar a forma como essas pesquisas de opinião foram desenvolvidas, seus questionários e comentários, de modo a discutir a sua utilidade para a formação de uma *intelligentsia* pertencente à elite econômica, aqui chamada de "elite orgânica".

A compreensão da ação e da definição da elite orgânica presente nesta análise se baseia naquela definida por René Armand Dreifuss (1981, p. 209) em sua obra *1964: a conquista do Estado*:

> Entende-se por elite orgânica os líderes e membros que faziam parte da estrutura formal do IPES, bem como associados, ativistas, indivíduos e grupos ligados a esse complexo, de tal forma que seus esforços e aqueles das organizações a que pertenciam eram sincronizados e coordenados pelo IPES ou apoiaram diretamente a sua campanha.

No capítulo V do livro, Dreifuss traz detalhes da formação estrutural, política, econômica e ideológica daquele que foi o mais importante ponto de convergência de classe no período do golpe de Estado de 1964, o Instituto de Pesquisas e Estudos Sociais (Ipes). Na conclusão do capí-

---

[52] *Cf.*: AGÊNCIA CÂMARA DE NOTÍCIAS, 27 de março de 2014 e AGÊNCIA CÂMARA DE NOTÍCIAS, 28 de março de 2014.

tulo o autor nos alerta para o aparente deslocamento do complexo Ipes/ Burguesia na véspera do golpe para a entrada da também consolidada associação ESG/Militares, eclipsando o caráter de classe do ocorrido em abril de 1964.

Esse deslocamento é aparente e falso na medida em que, ao observar os quadros e as estruturas internas do Ipes, constata-se que os militares eram parte dessa organização de classe, trabalhando ativamente durante todo o governo Goulart com a finalidade de preparar o terreno para o golpe. A conclusão é clara: os militares não foram nem autônomos nem dependentes em 1964, mas sim parte de um sistema ideológico maior que os incluíam em nível de igualdade com outros segmentos da sociedade que visavam ao golpe.

Ao longo da obra o autor demonstra as dimensões do Ipes e sua capilaridade nas classes empresariais brasileiras, com especial ênfase para aquela composta por industriais, nova burguesia do campo e a crescente agroindústria multinacional. Apresenta o sistema de articulação internacional de órgãos de classe burgueses e o lugar do Ipes nesses órgãos. Demonstra também as técnicas e formas de estruturação do órgão com detalhado organograma da instituição. Traz ainda a organização interna utilizada para atingir os objetivos principais do instituto, que se subdividia em grupos de ação e estudos, cada qual com uma demarcação clara do seu espectro de ação dentro do escopo geral de trabalho.

Dentro da estrutura ipesiana, encontram-se grupos de trabalho específicos que, conforme observamos a seguir, possuem intimidade com os veículos de imprensa. Entre eles está o GOP (Grupo de Opinião Pública), que, de acordo com Dreifuss (1981, p. 192), disseminava "os objetivos e atividades do IPES por meio da imprensa falada e escrita". Buscava manipular a opinião pública, conformando-a ao modelo econômico de interesse da burguesia. Valia-se de TV, rádio, jornais, envio de cartas e anúncios para diferentes setores da sociedade com o objetivo de convencê-los a partir de suas experiências cotidianas e sociais de posições mais enfáticas do Ipes. Tinha como meta a expansão de seus quadros "a fim de colocar pelo menos um membro em cada e toda associação de classe empresarial, fosse ela sindical, recreativa, cultural ou política" (Dreifuss, 1981, p. 194).

É com base nesse conhecimento e na ampla descrição do modus operandi dessa elite econômica e intelectual do capitalismo brasileiro que iniciamos a nossa análise das pesquisas Ibope, sua relação com a imprensa e as elites orgânicas comandadas pelo Ipes. Há de notar o leitor, contudo, que o fôlego determinado para essa análise enseja uma pesquisa menos detalhada, sem, contudo, perder a profundidade. Sendo assim, grande parte da análise se centrará na elaboração dos questionários das pesquisas e questões mais pontuais acerca da plotagem dos resultados.

Com isso, buscamos aqui estabelecer a linha de diálogo de múltiplas influências entre o instituto de pesquisa e a elite orgânica consumidora dos dados por este produzidos. O objetivo dessa análise é compreender como a pesquisa de opinião foi capaz de agir como instrumento e instrumentalizadora de um golpe de Estado.

A opinião pública e o processo de desconstrução do golpe parlamentar (e parlamentarista) de 1961

Primeiras movimentações: o golpe parlamentarista de 1961

A leitura de Dreifuss nos revela, como visto primeiramente, que a ativação do *think tank* Ipes se inicia a partir da tomada de posse de João Goulart no poder, após a renúncia de Jânio Quadros em 1961. A posse, porém, não é dada em sua potencialidade ao então vice-presidente, uma vez que o Congresso Nacional, em consonância com os ministros militares de então, edita a emenda constitucional n. 4, de 2 de setembro de 1961, que transformava o regime de governo de presidencialismo para parlamentarismo, removendo das mãos do presidente da República o poder executivo, restando extremamente reduzida a sua capacidade de ação.

Essa emenda constitucional contém em seu bojo a realização de um plebiscito, agendado para ocorrer em concomitante à eleição de 1965, ou seja, alijando completamente Goulart e seu governo durante sua estada no recém-inaugurado Palácio do Planalto. Contudo, desde o primeiro momento, diversas movimentações políticas foram sendo articuladas de maneira a antecipar o plebiscito para o período anterior ao final do mandato de Goulart. Ciente dessa movimentação, o Ibope produz uma série de pesquisas de opinião a respeito desse tema, das quais abordaremos duas a seguir.

As primeiras pesquisas Ibope aqui identificadas a respeito da opinião pública acerca do parlamentarismo foram produzidas em maio de 1962. Não se trata aqui de uma pesquisa exclusiva que aborde apenas esse tema; ao contrário, a questão que faz referência ao parlamentarismo é apenas uma das cinco perguntas do questionário e tem alcance restrito apenas ao estado de São Paulo, contando com 13 cidades ao todo. Atentemos à Figura 1:

Figura 1 – Recorte da página 4 da pesquisa de maio de 1962, onde são descritas as cidades onde a pesquisa foi realizada, bem como o recorte temporal, os objetivos, o método e o número de entrevistas em cada pesquisa

PESQUISA DE OPINIÃO PÚBLICA

CIDADES - São Paulo - Baurú - Bebedouro - Campinas - Pi monhangaba - Piracicaba - Presidente Prudente Ribeirão Preto - Rio Claro - Santo André - S tos - São João da Boa Vista - São José do Rio Preto.

ÉPOCA - 2 a 14 de Maio de 1962.

OBJETIVOS - Determinação das tendencias gerais do eleitor paulista em face da eleição para Governador Estado.

MÉTODO - "Amostragem representativa", sendo que as "am tras" foram : -

a - Estratificadas, quanto ao Sexo, Categoria cio-Economica, Grupo Ocupacional, Zonas e tritos Eleitorais;

b - Ao acaso, quanto às demais características do "universo".

ENTREVISTAS - Em cada cidade as "amostras" respectivas comp ram-se do seguinte numero de entrevistas : -

Cidades	Entrevistas
São Paulo	1.000
Baurú	300
Bebedouro	200
Campinas	400
Pindamonhangaba	200
Piracicaba	300
Presidente Prudente	300
Ribeirão Prêto	300
Rio Claro	300
Santo André	400
Santos	400
São João da Boa Vista	200
São José do Rio Prêto	300

Em tôdas as cidades as entrevistas, conduzida por agentes especialmente destacados da Capi foram realizadas exclusivamente com eleitores lAs residentes.

Fonte: arquivo Edgar Leuenroth (Ref. PE 044)

Adriana Barbosa Santos (s.d.), pesquisadora do departamento de Ciências da Computação e Estatística da Universidade Estadual Paulista Júlio de Mesquita (São José do Rio Preto), define em seu guia *Formas de amostragem* os diversos tipos de abordagem estatística que uma pesquisa pode conter. Não nos aprofundaremos nesse tema durante esta discussão, porém segue uma leitura do trecho que define a amostragem probabilística estratificada proporcional, e em oposição a amostragem probabilística estratificada uniforme:

> O número de elementos sorteados em cada estrato é proporcional ao número de elementos existentes no estrato. Evidentemente, a amostragem estratificada uniforme será, em geral, recomendável se os estratos da população forem pelo menos aproximadamente do mesmo tamanho; caso contrário, será em geral preferível a estratificação proporcional, por fornecer uma amostra mais representativa da população. (Santos, s.d., p. 3-4).

Por sua vez, ao definir a amostragem casual simples, Santos nos fornece a seguinte definição:

> Esse tipo de amostragem, também chamada *simples ao acaso, aleatória, casual, simples, elementar, randômica*, etc, é equivalente a um sorteio lotérico. Nela, todos os elementos da população têm igual probabilidade de pertencer à amostra, e todas as possíveis amostras têm também igual probabilidade de ocorrer. (Santos, s.d., p. 2).

Ocorre que, por semelhança, observamos na Figura 1, seção "Método", que ambos os tipos de amostragem elencados aqui com base no texto de Santos estão representados na pesquisa Ibope. Apesar de definir sua metodologia como sendo a de "amostragem representativa", de acordo com as características apresentadas nos itens "a" e "b", podemos dizer que "a" provavelmente se refere à amostragem probabilística estratificada proporcional ao passo que "b" assemelha-se à amostragem casual simples. Essa divergência de nomenclaturas muito provavelmente se deve ao fato de que com o passar dos anos novos métodos foram criados e os antigos renomeados para a ampliação das possibilidades analíticas.

O problema de fato começa ao analisarmos mais detalhadamente a suma metodológica da pesquisa e a disposição dos resultados. No item "b" é descrito, ipsis litteris: "Ao acaso, quanto às demais características do 'universo'", o que supomos significar que outras características foram ignoradas na determinação dos estratos de pesquisa, com a notória ausência de um fator que abarcasse questões de raça, questão presente à época, porém distante do debate público geral por questões de hegemonia racial, não abordadas aqui nesta pesquisa.

Também notamos que não há referência à definição dos estratos e quanto estes representam no total da população, nem de que fonte as proporções destes foram retiradas. A bem da verdade, sequer sabemos se a quantidade de pessoas alocadas em cada estrato tem lastro na proporção observada na população brasileira da época da realização da pesquisa.

Importante também é notar que na plotagem dos resultados são apresentados apenas aqueles em função de cidade, sexo e categoria socioeconômica dos entrevistados, ignorando as demais estratificações, como podemos ver na Figura 2:

Figura 2 – Recorte da página 4, onde são apresentadas as formas como são disponibilizados os resultados na plotagem final da pesquisa

RESULTADOS - Os resultados da pesquisa, apresentados em separado para cada cidade, serão analisados sempre em função do Sexo e Categoria Sócio-Econômica dos entrevistados.

A apresentação dos resultados será feita em 5 itens, a saber : -

1- Preferências entre Parlamentarismo e Presidencialismo.

2- Receptividade eleitoral dos candidatos ao Governo do Estado.

3- Receptividade comparativa de Adhemar de Barros, Janio Quadros e José Bonifacio.

4- Receptividade comparativa de Janio Quadros e José Bonifacio.

5- Receptividade comparativa de Adhemar de Barros e José Bonifacio.

Diante da clareza e auto-evidencia dos resultados em si, não se tornou necessária a inserção de comentários específicos.

Fonte: arquivo Edgar Leuenroth (Ref. PE 044)

Ora, se a pesquisa é efetuada de maneira estratificada levando em consideração os itens: sexo, categoria socioeconômica, grupo ocupacional, zonas e distritos eleitorais, qual o motivo que leva o pesquisador a optar por disponibilizar os resultados apenas para os dois primeiros, ignorando os demais?

Fosse disponibilizado o resultado por grupo ocupacional, poderia o leitor (nesse caso, o jornal contratante) dispor dos dados de acordo com a classe social, uma vez que a diferença entre grandes empresários (detentores dos meios de produção) e trabalhadores no geral (proletários)

ficaria explícita. O mesmo se pode dizer das zonas e distritos eleitorais, que separam os bairros das cidades, o que deixaria claras as clivagens nos pensamentos dos moradores das zonas centrais e periféricas das cidades, em especial da cidade de São Paulo. Por fim, mesmo no recorte socioeconômico, não fica claro qual é o critério para se estabelecer quem pertence a cada classe, valendo-se apenas de termos como "rica", "média" e "pobre" para defini-las, além de obviamente a classificação por "sexo" levar em conta apenas o aspecto biológico, algo comum para a época.

Dreifuss novamente nos traz à luz os motivos dessa escolha: trata--se de um trabalho de sondagem de opinião pública voltada à ação, com vias a manter e atualizar a hegemonia da classe dominante, feito por e para uma elite que pensa a si mesma como agente do tempo presente. Portanto, não é de se estranhar que a exibição final do resultado tenha uma ênfase em dois fatores de poder que solidificam o status quo e cuja ação ideológica possui uma poderosa influência: gênero e classe social.

Passamos agora a observar a questão da formulação da pergunta e da plotagem dos números das pesquisas, de maneira a observar como estas se articulam com a função dos *think tanks* e de seus respectivos grupos de trabalho e ação. Observemos as Figuras 3 e 4:

Figura 3 – Recorte da página 4 em que constam as perguntas do questionário. Observemos mais atentamente a pergunta de número 1

QUESTIONÁRIO -

1 - Na sua opinião, qual é a melhor forma de Govêrno para o Brasil : Parlamentarismo ou Presidencialismo ?

2 - Se a eleição para Governador do Estado fosse realizada hoje, em qual dêstes candidatos, o Sr. (a) votaria ?

Adhemar de Barros | Auro Moura Andrade
Cid Franco | Janio Quadros
José Bonifacio (apoiado por Carvalho Pinto)

3 - E se os candidatos a Governador fossem êstes, em qual dêles o Sr. (a) votaria ?

Adhemar de Barros | Janio Quadros
José Bonifacio (apoiado por Carvalho Pinto)

4 - Admitindo-se que os candidatos a Governador fossem só Janio Quadros e José Bonifacio (apoiado por Carvalho Pinto), em qual dos dois o Sr. (a) votaria ?

Janio Quadros | José Bonifacio

5 - E se os candidatos a Governador fossem só Adhemar de Barros e José Bonifacio, em qual dos dois o Sr. (a) votaria ?

Adhemar de Barros | José Bonifacio

Fonte: arquivo Edgar Leuenroth (Ref. PE 044)

A questão 1 é de clareza meridiana: "Na sua opinião, qual é a melhor forma de Govêrno para o Brasil: Parlamentarismo ou Presidencialismo?". Clara, contudo, esconde questões que só podem ser observadas quanto colocadas à luz do tempo presente da pesquisa em questão. Nove meses antes da pesquisa o país havia passado por uma ruptura institucional promovida pelo Congresso Nacional, que impediu a posse de João Goulart com os poderes constitucionais que lhe cabiam no momento da renúncia de Quadros, aprovando via emenda constitucional o sistema parlamentarista. A pergunta ignora esses fatos para apenas perguntar ao entrevistado a respeito de suas preferências quanto ao sistema de governo, ignorando a possibilidade de que uma resposta favorável ou contrária ao parlamentarismo ou ao presidencialismo poderia estar eivada de subjetividades concernentes às questões políticas do tempo presente. As demais perguntas do questionário não serão alvo desta análise, ficando para um momento distinto esmiuçá-las, por abordarem contextos analíticos diferentes daqueles propostos aqui.

Figura 4 – Recorte da página 6, referente ao resultado da pergunta 1 (Figura 3) na cidade de São Paulo. Respostas divididas por recorte socioeconômico

POR CATEGORIAS SÓCIO-ECONÔMICAS

	Classe A Rica	Classe B Média	Classe C Pobre	Classe D Pobre Inf.
Presidencialismo	61.0%	59.0%	52.0%	42.0%
Parlamentarismo	21.0	17.0	11.0	7.0
Não Sabem	18.0	24.0	37.0	51.0

Fonte: arquivo Edgar Leuenroth (Ref. PE 044)

A plotagem dos resultados da pesquisa por recorte socioeconômico, conforme vemos na Figura 4, nos revela questões importantes acerca da utilização das pesquisas de opinião com viés orgânico (Dreifuss) como ferramentas para a ação da elite econômica e social, pensante acerca dos processos que engendram, mantêm e atualizam sua hegemonia.

Podemos observar que há uma alta na proporção de pessoas que preferem presidencialismo nas classes sociais mais baixas (6:1 na classe D e 4,73:1 na classe C), diferentemente do que se vê nas classes mais altas (3,47:1 na classe B e 2,9:1 na classe A). Dessa forma, notamos que a proporção de pessoas que preferem o presidencialismo na classe D é mais do que o dobro do observado na classe A. Em suma: o que se pode dizer a respeito da identificação da classe A quanto à solução parlamentarista é que esta, apesar de apoiar majoritariamente o presidencialismo, não foi tão refratária à solução proposta em setembro de 1961 quanto a classe D.

Contudo, chama a atenção a quantidade de pessoas que não souberam responder em cada classe social. Aqui, muito possivelmente se trata de um binômio ignorância/indecisão, vez que o instituto de pesquisa não explica o significado da resposta "não sei". De qualquer forma, o resultado prático para aqueles que buscam instrumentalizar a opinião pública é o mesmo: um campo fértil.

O cenário a respeito da ignorância/indecisão do tema desenha para a elite orgânica um plano de ação claro, com um público-alvo evidente, compreendendo aqui que defender o parlamentarismo é, nesse momento, defender a sustação dos poderes constitucionais de João Goulart. É impedir a antecipação do plebiscito que poderia (e irá) conduzir Goulart e o

Brasil de volta ao presidencialismo. Não se trata apenas de formar uma opinião acerca de uma determinada forma de governo, mas sim de aprisionar o presidente da República naquela forma que mais interessa ao poder hegemônico.

O dado acerca das classes sociais que mais ignoram a preferência acerca do sistema de governo aponta para metodologias de ação diferentes a serem adotadas pela elite orgânica: atingir pobres e analfabetos é diametralmente diferente de fazê-lo com a elite supostamente ilustrada. Como veremos a seguir, trata-se da pesquisa de opinião agindo como guia para ação mediante os mais diversos cenários e acontecimentos.

O parlamentarismo em cheque: a antecipação do plebiscito

As sucessivas quedas de gabinete demonstraram ao país que o regime parlamentarista estava em seus estertores (Carone, 1985, v. II, p. 187-189), o que fica evidente ao observar as movimentações no congresso nacional para antecipação do plebiscito para 1963 (ao invés de 1965), que definiria o regime de governo. Aprovada em 16 de setembro de 1962, a Emenda Capanema-Valadares é fruto de intensos debates no congresso nacional, críticas à condução do governo Goulart/Neves (Tancredo Neves, primeiro-ministro) por parte da imprensa, mas não de campanha contrária da oposição, do Ipes e da imprensa a ele associada.

Demian Bezerra de Melo (2009) argumenta que:

> [...] observa-se uma postura muito próxima na imprensa às formulações *ipesianas*. [...] não existe nenhum órgão de imprensa que invista na defesa das posturas parlamentaristas, mas como se pode ler em alguns editoriais do fim de 1962, tais órgãos previam um grande desinteresse popular pelo plebiscito.

De fato, ao consultar as pesquisas que embasam essa mesma imprensa no que tange à opinião pública acerca do plebiscito de 1963, nota-se a fonte de tal apatia. Em julho de 1962, apenas dois meses após a primeira pesquisa Ibope acerca das preferências populares no que tange ao regime de governo, nota-se que há pouco ou nada a se fazer para impedir o presidente Goulart de assumir a presidência da República com plenos poderes. Há indicativos, inclusive, de que, na visão do Ipes, ao ter Goulart a totalidade do poder executivo em suas mãos, abreviar-se-ia o processo de responsabilização deste e possivelmente sua queda (Melo, 2009).

Voltando nossa atenção novamente à pesquisa Ibope, notamos que, em relação à metodologia, nada se altera; porém, no âmbito da questão a ser feita, uma nova perspectiva é adicionada, vez que não mais se pergunta a respeito do melhor sistema de governo, como observamos na Figura 3, mas diretamente sobre o plebiscito, possivelmente prevendo a sua antecipação.

Dessa vez as cidades pesquisadas diferem um pouco das anteriores, mantendo, porém, as principais cidades no quesito população para a época, como São Paulo, Campinas, Sorocaba e Santos.

Figura 5 – Recorte da página 152 da pesquisa de julho de 1962, com a questão acerca do plebiscito sobre a continuação ou não do parlamentarismo

```
QUESTÃO        - Para se obter os resultados apresentados,   foi
                 formulada aos entrevistados a seguinte questão:
                 "Se fosse realizado hoje o plebiscito para deci
                 dir sôbre a continuação do Parlamentarismo    no
                 Brasil, o Sr. (a) votaria a favor ou contra   o
                 Parlamentarismo ?"
```

Fonte: arquivo Edgar Leuenroth (Ref. PE 045)

A plotagem dos resultados continua levando em consideração apenas as questões de sexo biológico e classe socioeconômica, apresentando três respostas possíveis, mas que levam a um resultado diferente daquele observado dois meses antes.

Figura 6 – Recorte da página 155 da pesquisa de julho de 1962, apresentando os resultados com base no recorte socioeconômico para a cidade de São Paulo

POR CATEGORIAS SÓCIO-ECONÔMICAS

	Classe A Rica	Classe B Média	Classe C Pobre	Classe D Pobre Inf.
Contra	56.0%	57.0%	53.0%	46.0%
A favôr	28.0	24.0	19.0	17.0
Não Sabem	16.0	19.0	28.0	37.0

Fonte: arquivo Edgar Leuenroth (Ref. PE 045)

Se em maio a porcentagem das classes C e D que não sabia opinar era de 37% e 51% respectivamente, esse número tem uma queda expressiva apenas dois meses depois, conforme a Figura 6, o que pode indicar que a penetrabilidade do debate avançou muito nesse período. Porém, como a pergunta tem caráter plebiscitário, pode-se interpretar a ocorrência de uma validação do sistema parlamentarista nos moldes em que ele se apresenta ao entrevistado naquele momento, sem levar em consideração a preferência ou não pelo sistema parlamentarista em si. Em outras palavras, trata-se de mudar os rumos da política nacional mais imediata, mais próxima do entrevistado, ao invés de adentrar um debate mais filosófico acerca da melhor forma de governo, como de fato ocorreu na primeira pesquisa.

As classes A e B também experimentaram uma diminuição no índice de indecisão/ignorância, porém menos expressivas, com diminuições que variam entre 2% e 5%, respectivamente. O que se altera de maneira expressiva em todas as classes sociais é o caráter favorável à manutenção do sistema parlamentarista, que, apesar de não alterar na prática o resultado, demonstra que grande parte dos indecisos migrou para uma posição favorável ao parlamentarismo. Novamente ressaltamos o caráter plebiscitário da pesquisa ao observar que as contenções que o parlamentarismo apresenta à figura do presidente da República podem indicar que tal opinião pode (mas não necessariamente deve) advir de uma posição oposta àquela apresentada por Goulart e seus aliados.

De toda forma, em consonância com o que observa Melo (2009), de fato não se observa aqui, apenas por análise das opiniões expressas e levando em consideração todas as problemáticas metodológicas, uma movimentação muito expressiva do Ipes de modo a influenciar fortemente grandes parcelas da população a votar pela permanência do parlamentarismo. O que não podemos dizer, entretanto, é que se trata mais de uma decisão consciente dos *think tanks* do que de uma falta de tempo hábil para tais movimentações. Melo mesmo ressalta, e pudemos observar em pesquisas anteriores, que os editoriais de jornais intimamente ligados à causa *ipesiana*, como *O Estado de S. Paulo* e *O Globo*, acusam diretamente Goulart de sabotar o parlamentarismo, em tom nitidamente reprovador.

Conclusão

As pesquisas de opinião acerca do parlamentarismo conduzidas pelo Ibope em 1962 e aqui abordadas trazem em si questões importantes acerca da metodologia adotada e da plotagem dos resultados e sua utilização como ferramenta de mobilização para o Ipes. Ao observar como as pesquisas, que ocorrem em intervalos curtos, dialogam entre si, sem, contudo, observar uma grande mudança no temperamento público acerca da questão parlamentarista, foi importante perceber que o fator "tempo hábil" pesou tanto quanto uma decisão consciente das elites orgânicas para a não mobilização mais enfática.

De fato, há mobilização, como Melo (2009) nota e como pudemos expressar em pesquisa anterior, porém, esta ainda se desenrola de maneira tímida nesse período imediatamente posterior à crise de 1961. Jornais, em especial *O Estado de S. Paulo*, já demonstram estar em processo de "aquecimento" para a ação que mais tarde se desenrolará, especialmente após o plebiscito de 1963, com a criação de narrativas de grande fôlego e justificativas pré e pós-golpe de Estado, alvissareiros cautelosos do apocalipse democrático que se avizinha.

No que tange à metodologia das pesquisas de opinião, nota-se que diversos pontos se tornam obscuros, dificultando compreender exatamente com qual público o instituto busca opinião. Se por um lado nota-se uma estratificação suficiente (apesar das falhas já apresentadas), por outro não ficam claros os dados que a fundamentam, podendo a base residir em metodologias e levantamentos do IBGE, do próprio Ibope ou da imaginação do entrevistador.

A plotagem dos resultados também se mostra extremamente problemática, uma vez que ignora a estratificação feita em sua suma metodológica e apresenta apenas três pontos, dois dos quais pertencentes ao âmbito social e outro geográfico, para apresentar a suposta opinião pública aferida. A pobreza na exposição dos dados também é digna de nota, com números arredondados, sem observação de margem de erro e sem valores totais expostos.

A hora da ação: a intensificação analítica das pesquisas

Se as pesquisas do ano de 1962 tinham em si um certo grau de improviso e urgência, o mesmo não pode ser dito daquela de 1963, que conta com amplo comentário por parte do instituto de pesquisa, e também daquela de 1964, que apesar de não conter o comentário possui uma gama extensa de perguntas nos âmbitos políticos, econômicos e sociais do Brasil.

A plotagem dos resultados em ambas as pesquisas segue aquilo observado nas de 1962, motivo pelo qual não nos ateremos a tal característica. Igualmente observamos que a metodologia não sofreu alterações significativas e será deixada de lado deste momento em diante. Pretendemos focar especialmente os comentários da pesquisa de 1963, bem como o extenso questionário e o que ele busca responder de maneira explícita e implícita.

Por fim, é mister prestar esclarecimento quanto à necessidade de se analisar apenas recortes dos comentários e dos questionários: trata-se de uma análise de fôlego limitado que compreende que as características das fontes em questão demandam uma pesquisa de dedicação extensa, motivo pelo qual incentivamos o leitor a buscar as fontes no já referido arquivo e debruçar-se por sobre as diversas questões aqui não respondidas.

1963: "uma campanha de esclarecimento mais extensa"

Diferentemente das pesquisas produzidas em 1962, a pesquisa de julho de 1963 apresenta-se de maneira extremamente rica, com comentários por parte do instituto de pesquisa, bem como esclarecimentos a respeito da conduta a ser adotada pelos pesquisadores. Os comentários são feitos com base nos resultados de cada uma das perguntas e, se, por questões práticas, não nos debruçaremos sobre cada comentário, não o será por falta de interesse historiográfico.

Além dos comentários das questões, também encontramos uma seção inicial chamada de "Considerações Gerais", em que são esclarecidas desde questões geográficas e demográficas (numa clara extensão dos esclarecimentos metodológicos), até as questões práticas de deslocamento aéreo dos entrevistadores e da conduta a ser adotada por estes ante o entrevistado.

Passamos a observar agora alguns comentários selecionados e as questões às quais se referem, compreendendo aqui que a observação de trechos selecionados dos comentários cumpre a função de extrair os pontos de contato em que Ibope, Ipes, imprensa e burguesia se encontram, assumindo assim que as complexidades que advêm dessa dinâmica, apesar de não abordadas em seu potencial, serão consideradas.

A primeira questão versa a respeito da reforma agrária com o seguinte enunciado: "Em princípio o Sr(a) é favorável ou contrário à uma reforma agrária?" (Ibope, 1963, p. 5). Sendo as alternativas três: "Favorável"; "Contrário"; "Não sei". O resultado da questão é amplamente favorável à reforma agrária, tornando sua oposição, na concepção do instituto de pesquisa, "insignificante" (Ibope, 1963, p. 8), e, além disso, demonstra espanto por conta do número de indecisos, para logo em seguida oferecer sua interpretação dele:

> É bem verdade (e isto precisa ser bem salientado), que nesta, tal como em muitas outras Pesquisas do IBOPE que versaram assuntos semelhantes, o elemento feminino tem contribuído, decisivamente, com a sua indefinição, para que aumente sempre nos resultados totais o número dos que ignoram determinados assuntos. (Ibope, 1963, p. 8).

Não restam dúvidas de que a situação da mulher (em sentido amplo, porém com notáveis exceções) no que tange a escolaridade e engajamento político na década de 1960 era bastante precária; porém, o que não há no texto do comentário é uma análise mais aprofundada dos motivos que levam a isso, como uma crítica mais aprofundada às estruturas que mantinham as mulheres menos escolarizadas, mais dependentes de seus maridos ou pais e menos autônomas no que tange à vida privada e social.

No entanto, mesmo se esquivando de analisar essa faixa demográfica tão substancial da população brasileira, o instituto é certeiro ao propor uma "solução". Antes de adentrarmos a análise desta, vejamos seu teor:

> De qualquer maneira, quer nos parecer, que com relação à reforma agrária bem como com alguns outros problemas brasileiros aqui tratados, esteja faltando ao povo, sobretudo às Classes mais desfavorecidas, uma campanha de esclarecimento mais extensa. (Ibope, 1963, p. 8, grifo nosso).

Apenas esse trecho dos comentários seria suficiente para uma miríade de análises, estudos e discussões, porém procuraremos nos manter focados em apenas alguns aspectos: 1- Quem é o interlocutor dessa frase (e do comentário todo)?; 2- O que se entende por "campanha de esclarecimento mais extensa"?; e 3- Quais são os "outros problemas brasileiros" a que se refere o autor?

Cabe considerar que, mesmo que essa pesquisa seja publicada em um jornal de grande circulação, não é todo o teor desta que será acessível, especialmente a seção de comentários. É lícito afirmar que esse comentário tem endereço certo: editores, colunistas e jornalistas que terão acesso à íntegra da pesquisa, e não apenas à plotagem de seu resultado, como é o caso do público leitor.

Essa interlocução militante nos é apontada por Dreifuss (1981, p. 231) como sendo parte de uma organização para ação em que a elite orgânica passa a promover uma campanha ideológica com fins de criar uma ambientação nacional que exprima por todos os meios hegemônicos de comunicação (rádio, televisão, cartuns, filmes) uma sensação de esfacelamento do tecido social.

A preocupação em "esclarecer" as classes subalternas em relação às políticas do governo federal também é expressa em outro comentário, o da questão 4, que versa acerca do apoio ou não à política econômica do governo Goulart (que obteve apoio da maioria dos entrevistados). Nesse trecho notamos o mesmo tom:

> O problema versado pressupõe um mínimo de conhecimento dos planos técnicos elaborados pelo Governo Federal para gerir a política econômico-financeira do País, o que, naturalmente, não está ao alcance de todos.
> É justamente entre as Classes mais pobres da população de cada cidade e junto ao seu elemento feminino que encontramos o maior grau de desconhecimento do assunto. (Ibope, 1963, p. 10).

Nota-se, portanto, que a preocupação em instruir as classes subalternas é grande e sua ênfase é ainda maior. Dentro da estrutura do Ipes, aponta-nos Dreifuss, existe uma solução que a elite orgânica encontra para esse problema. Trata-se de grupos especiais chamados de "Grupos de Estudo e Ação" e que abarcam diversas áreas da sociedade brasileira. Destacam-se para efeito da nossa análise o Grupo de Opinião Pública (Dreifuss, 1981, p. 192) e o Grupo de Publicações / Editorial (Dreifuss, 1981, p. 194), cujo aprofundamento recomendamos fortemente ao leitor.

É a existência desses grupos, inclusive, que nos leva a responder ao nosso segundo questionamento, acerca da "campanha de esclarecimento mais extensa". Tanto o GOP quanto o GPE são responsáveis, dentro da estrutura do *think tank*, por promover dentro dos órgãos de jornalismo (rádios, jornais, TVs, revistas) e literatura (livros, gibis, material escolar) as visões da elite com vistas a fomentar um ambiente propício ao golpe de Estado, estudando e propondo intervenções em âmbitos diversos da comunicação no país. Portanto, podemos concluir que a ação e o clamor presentes no comentário podem, e possivelmente estão associados ao funcionamento de tais estruturas ipesianas.

No que concerne à reflexão proposta acerca dos "outros problemas brasileiros", notamos uma clara vinculação às grandes narrativas que se apresentaram em veículos da imprensa hegemônica, como no caso do jornal *O Estado de S. Paulo*, que apontavam já, desde 1961, para justificativas de uma eventual remoção forçada golpista de Goulart.

Trata-se aqui de macronarrativas que se baseavam em um imenso número de reportagens, editoriais, fotografias e todo tipo de material jornalístico com vias de criar um clima em que: 1- Goulart é incompetente; 2- Goulart permite que elementos comunistas se infiltrem em seu governo; 3- Goulart pretende virar a mesa e promover um golpe de Estado no Brasil com ajuda dos comunistas. Essas narrativas, que em trabalho anterior (Martins, 2021) convencionamos chamar de "narrativas catastróficas", permearam os quase três anos de governo Goulart, desde sua posse em 1961 ao golpe em 1964.

Portanto, podemos afirmar que esse comentário pode ser visto como uma diretiva, uma instrução travestida de trabalho imparcial e análise objetiva dos fatos, com vias de acionar as estruturas ideológicas golpistas do Ipes e a burguesia a ele associada, como é o caso de *O Estado de S. Paulo* e outros órgãos de imprensa.

1964: os últimos preparativos

A pesquisa que se deu em março de 1964 carrega em si diversas problemáticas, algumas das quais ainda sem resposta. A primeira delas trata do período em que esta é realizada, entre 9 e 26 de março, período extremamente conturbado da política nacional e que abarca dois grandes eventos que decerto influíram agudamente na opinião pública: o comício da Central do Brasil (13 de março) e a Marcha da Família com Deus pela Liberdade (19 de março). Apesar de certamente causarem impacto na produção de consensos da opinião pública, não é possível mensurar o quanto foram decisivas para a formação da opinião. Temos aqui, portanto, um questionário elaborado antes desses eventos, mas que, porém, fora respondido ao longo dos acontecimentos.

Outra questão posta é a da utilidade desse questionário para as maquinações golpistas engendradas no espaço conspiratório que se iniciava no Ipes e ia até a caserna. Como apontou Luiz Dias,[53] trata-se de pesquisa nunca divulgada, ou seja, nunca tornada pública por meio da imprensa. Essa característica pode ocorrer por diversos fatores; entre os principais e mais importantes para esta análise, estão: 1- a falta de tempo hábil para a publicação, devido à extensão dos dados disponibilizados; 2- a falta de interesse dos órgãos de imprensa em disponibilizar dados que poderiam corroborar o discurso de Goulart e assim adiar ainda mais o golpe já em fase final de preparação.

Ambas as possibilidades consideradas, fica difícil estabelecer qual delas seria a mais provável, sem levar em consideração ainda que uma combinação de fatores de ambas pode ter levado essa pesquisa a perma-necer inédita até a segunda década do século XXI.

Feitas as ressalvas, passemos à análise do questionário, objeto primário deste estudo. Faremos, portanto, uma seleção das questões que serão abordadas, sem, contudo, nos focar em analisá-las uma a uma, mas sim como um conjunto, vez que, ao serem encadeadas de maneira sequencial, podem produzir efeitos distintos dos que poderiam produzir de forma isolada. Vejamos as Figuras 7 e 8:

---

[53] *Cf.*: AGÊNCIA CÂMARA DE NOTÍCIAS, 28 de março de 2014.

Figura 7 – Questionário recortado, contendo 4 das 17 questões da pesquisa de março de 1964, p. 3

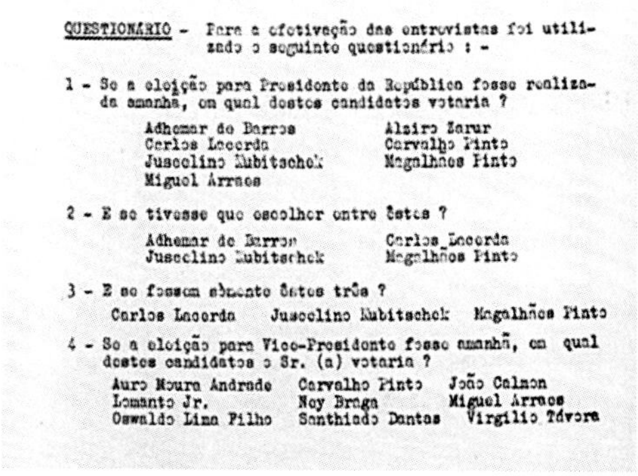

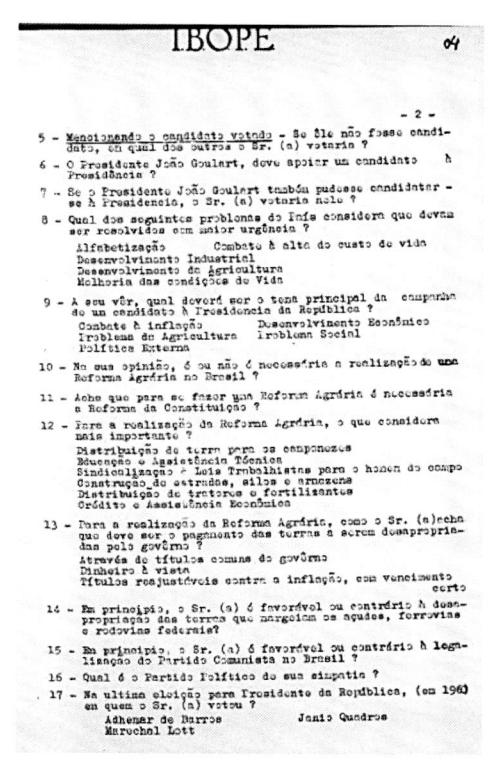

QUESTIONARIO - Para a efetivação das entrevistas foi utilizado o seguinte questionário : -

1 - Se a eleição para Presidente da República fosse realizada amanhã, em qual destes candidatos votaria ?

Adhemar de Barros — Alziro Zarur
Carlos Lacerda — Carvalho Pinto
Juscelino Kubitschek — Magalhães Pinto
Miguel Arraes

2 - E se tivesse que escolher entre êstes ?

Adhemar de Barros — Carlos Lacerda
Juscelino Kubitschek — Magalhães Pinto

3 - E se fossem sòmente êstes três ?

Carlos Lacerda — Juscelino Kubitschek — Magalhães Pinto

4 - Se a eleição para Vice-Presidente fosse amanhã, em qual destes candidatos o Sr. (a) votaria ?

Auro Moura Andrade — Carvalho Pinto — João Calmon
Lomanto Jr. — Ney Braga — Miguel Arraes
Oswaldo Lima Filho — Santhiago Dantas — Virgilio Távora

Fonte: arquivo Edgar Leuenroth (Ref. PE 060)

Figura 8 – Questionário recortado, contendo 12 das 17 questões da pesquisa de março de 1964, p. 4

I.B.O.P.E. — 04

- 2 -

5 - Mencionando o candidato votado - Se êle não fosse candidato, em qual dos outros o Sr. (a) votaria ?

6 - O Presidente João Goulart, deve apoiar um candidato à Presidência ?

7 - Se o Presidente João Goulart também pudesse candidatar-se à Presidencia, o Sr. (a) votaria nele ?

8 - Qual dos seguintes problemas do País considera que devam ser resolvidos com maior urgência ?

Alfabetização — Combate à alta do custo de vida
Desenvolvimento Industrial
Desenvolvimento da Agricultura
Melhoria das condições de Vida

9 - A seu vêr, qual deverá ser o tema principal da campanha de um candidato à Presidencia da República ?

Combate à inflação — Desenvolvimento Econômico
Problema da Agricultura — Problema Social
Política Externa

10 - Na sua opinião, é ou não é necessária a realização de uma Reforma Agrária no Brasil ?

11 - Acha que para se fazer uma Reforma Agrária é necessária a Reforma da Constituição ?

12 - Para a realização da Reforma Agrária, o que considera mais importante ?

Distribuição de terra para os camponezes
Educação e Assistência Técnica
Sindicalização e Leis Trabalhistas para o homem do campo
Construção de estradas, silos e armazens
Distribuição de tratores e fertilizantes
Crédito e Assistência Econômica

13 - Para a realização da Reforma Agrária, como o Sr. (a) acha que deve ser o pagamento das terras a serem desapropriadas pelo govêrno ?

Através de títulos comuns do govêrno
Dinheiro à vista
Títulos reajustáveis contra a inflação, com vencimento certo

14 - Em princípio, o Sr. (a) é favorável ou contrário à desapropriação das terras que margeiam os açudes, ferrovias e rodovias federais?

15 - Em princípio, o Sr. (a) é favorável ou contrário à legalização do Partido Comunista no Brasil ?

16 - Qual é o Partido Político de sua simpatia ?

17 - Na ultima eleição para Presidente da República, (em 1960) em quem o Sr. (a) votou ?

Adhemar de Barros — Janio Quadros
Marechal Lott

Fonte: arquivo Edgar Leuenroth (Ref. PE 060)

O questionário se divide em duas partes e, não por acaso, as Figuras 7 e 8 fazem o papel de separar os momentos do questionário em imagens distintas. Na Figura 7, temos uma pesquisa de caráter mais eleitoral e que se estende até a questão 5 da Figura 8. A partir da questão 6 até a 16, temas mais voltados à vida socioeconômica e política nacional são a tônica, retornando apenas à questão eleitoral na questão 17, que cumpre com o papel de calibrar a pesquisa como um todo.

É curioso notar que, no que tange ao rol de candidatos, tanto à presidência quanto à vice-presidência, notáveis ausências do campo da esquerda foram percebidas. Se em 1963 havia questões específicas para estabelecer a proximidade ideológica do entrevistado com os principais personagens da vida política nacional, funcionando como baluartes de suas posições, na pesquisa de 1964 o instituto se furta a mencionar Leonel Brizola como presidenciável em 1965, em concorrência direta com Carlos Lacerda:

Figura 9 - Recorte da plotagem totalizada da questão 5 da pesquisa de 1963, p. 6

P.5 — Se por hipótese, os únicos candidatos à Presidência da República fôssem os Srs. Carlos Lacerda e Leonel Brizola, qual dos dois eg colheria?

	Brizola	Lacerda	Nenhum	Não Sabem
	%	%	%	%
São Paulo	29	23	39	9
Guanabara	31	47	19	3
Recife	41	23	25	11
Belo Horizonte	32	35	26	7
Porto Alegre	70	12	14	4
Salvador	51	16	23	10
Belém	17	34	34	15
Fortaleza	31	29	28	12
Curitiba	33	25	29	13
Niterói	23	55	11	11
Juiz de Fora	28	43	21	8
Campos	43	28	11	13
Caxias do Sul	55	17	18	10
Ribeirão Preto	49	19	23	10
Vitória da Conquista	46	18	10	26
Uberaba	27	33	29	11

Fonte: arquivo Edgar Leuenroth (Ref. PE 053)

Como se nota na pesquisa de 1963, Brizola vence na maior parte das grandes cidades do Brasil na preferência do eleitorado para a presidência da República e ainda assim foi excluído da pesquisa de 1964. Essa ausência é ainda mais notável devido à grande polarização que havia entre ele e Lacerda, além da proximidade de Brizola com Goulart, sendo ambos cunhados.

No que tange à Figura 8, ainda se nota uma preocupação muito grande do instituto de pesquisa em captar a percepção da reforma agrária no país, bem como com as indenizações e seu meio de pagamento. Além disso, o questionário busca compreender o que o entrevistado entende por reforma, para além da desapropriação e indenização.

A preocupação com a reforma agrária pode ser vista com a intensidade aqui observada porque influi diretamente em uma das questões estruturais do capitalismo brasileiro: o latifúndio. A preocupação nesse caso é com a percepção da centralidade da instituição da grande propriedade privada rural na estruturação da vida socioeconômica nacional e do poder político institucional, e não é à toa que, ao final do questionário (questões 15 e 16), há uma tentativa de perscrutar a opinião político-partidária do entrevistado, mencionando inclusive o Partido Comunista e sua possibilidade de retorno à legalidade. Aqui, caso ainda houvesse tempo hábil para ação ideológica mais refinada do complexo parainstitucional do Ipes, residem as instruções para a difusão da ideologia necessária para frear a disseminação "subversiva", além da possibilidade de um diagnóstico das ações já em curso, vez que existem muitos pontos em comum com a pesquisa de 1963.

Nota-se também que outros problemas da vida brasileira são abordados na pesquisa, porém sem a mesma centralidade da reforma agrária. Além disso, há uma tímida pesquisa acerca da popularidade de Goulart, menos importante que as questões que versam sobre os marcos ideológicos do capital no país.

Conclusão

As pesquisas de 1963 e 1964 mostram-se muito mais bem estruturadas do que as anteriores de 1962. Parte do que leva isso a acontecer pode estar vinculado à maior participação dos órgãos de imprensa e pesquisa no Ipes, além de uma maior adesão a este, tendo, portanto, um consequente aumento da capilaridade de seus integrantes na vida política nacional.

A forma como estruturam os questionários busca estabelecer um contínuo influxo de informações que baseiam a ação do complexo, além de fornecer subsídios a estes de maneira a proporcionar ajustes de curso ou intensificação de ações, a depender do resultado observado.

A centralidade do tema da Reforma Agrária explicita a centralidade das preocupações da elite orgânica do país: o esfacelamento ideológico e das bases estruturais do capitalismo brasileiro e a possibilidade de um rompimento revolucionário. Há, contudo, que se observar que, ao longo da pesquisa, o instituto aventa formas diversas de lidar com o problema, com soluções que iriam desde a atenuação das desigualdades no campo e a melhora das condições de vida (questões 8, 9 e 12) neste e nas cidades, até a ruptura institucional golpista, que de fato ocorreu.

Considerações finais

A presente análise buscou observar como a evolução das pesquisas de opinião se manteve em compasso com a evolução da estruturação do Ipes e do consequente agravamento da crise político-institucional que culminou no golpe de Estado de 1964. Para isso pudemos observar a evolução das pesquisas em abrangência, metodologia e complexidade, notando uma clara evolução destas desde os primeiros meses do governo parlamentarista em 1962 até março de 1964.

No início, as pesquisas se mostravam monotemáticas, com pro-blemáticas únicas a serem abordadas, como no caso das pesquisas de maio e julho de 1962, acerca do parlamentarismo, no que tange à política institucional nacional. A partir de 1963 observamos um notável aumento na complexidade, bem como a ressignificação do papel do instituto de pesquisa por si mesmo, permitindo-se comentar e sugerir estratégias para os campos diversos da elite orgânica que, estruturadas no Ipes, tinham contato e instrumentalizavam os resultados, vertendo-os em métodos de convencimento ideológico espalhados por diversos setores sociais do país.

Essa evolução da complexidade das pesquisas de opinião, da ação do instituto e da elaboração dos questionários acompanha o agravamento da crise e da ação golpista e, por isso, é lícito afirmar que a demanda por sondagens mais complexas advém de demandas mais exigentes, não esquecendo que aqui há uma rede de múltiplas influências, em que, ao passo que o instituto e a imprensa demandam o Ipes, são também demandadas por este, como nos apontam Heloísa de Faria Cruz e Maria do Rosário Cunha Peixoto:

> Este diálogo ocorre num campo de pressões recíprocas: no mesmo movimento, a imprensa busca conformar e, em aparente contradição, perscrutar interesses e perspecti-

> vas do público leitor. Este, por sua vez, constitui uma das pressões constantes a que está sujeita qualquer publicação e que, portanto, incide sobre seu projeto editorial. (Cruz; Peixoto, 2002, p. 266).

Esse mesmo raciocínio pode ser aplicado aqui em nossa análise sem prejuízo à compreensão, vez que o instituto Ibope atua em um ponto em que recebe múltiplas influências ao passo que promove grande influência, posicionando-se em lugar privilegiado no âmago da elite orgânica.

Compreender como as estruturas de comunicação dos anos 1960 foram instrumentalizadas por vontade própria para servirem ao propósito de desestabilizar o governo vigente não é, de maneira alguma, um exercício de mera apreciação do passado ou ainda de pura responsabilização pelo Golpe de 1964. Trata-se aqui de observar como tais estruturas ainda servem para cumprir com interesses da elite e instigar novas pesquisas acerca da não desmobilização das estruturas de reflexão orgânica construídas no seio da elite capitalista do país, como observado por Dreifuss.

A observação de Luiz Dias acerca da premência de se analisar as pesquisas de opinião retidas desde 1964 e hoje disponíveis para consulta ainda deve ecoar fundo na historiografia dos períodos pré e pós-golpe de Estado. Há de fato a necessidade de se rever como os instrumentos auxiliares da imprensa, bem como esta e a elite a ela associada, foram decisivos na obtenção de resultado tão nefasto para o país, que cobrou milhares de vidas, silenciou vozes e promoveu um aprofundamento das desigualdades sociais sem par na história nacional e que, ao invés de se tornar um passado triste e distante, vem cada vez mais se impondo no presente do Brasil, dessa vez não apenas como golpe (2016, 2023), mas como o "novo normal" da vida política nacional.

Referências

ABRAMO, Perseu. *Padrões de manipulação na grande imprensa*. 2. ed. São Paulo: Fundação Perseu Abramo, 2016.

AGÊNCIA CÂMARA DE NOTÍCIAS. Jango tinha 70% de aprovação às vésperas do golpe de 64, aponta pesquisa. Notícias. Disponível em: https://www.camara.leg.br/noticias/429807-jango-tinha-70-de-aprovacao-as-vesperas-do-golpe-de-64-aponta-pesquisa/. Acesso em: 27 mar. 2014.

AGÊNCIA CÂMARA DE NOTÍCIAS. Luiz Antônio Dias (PUC-SP) conversa sobre imprensa e pesquisas do Ibope de 1964. TV Câmara. Disponível em: https://www. camara.leg.br/tv/429132-luiz-antonio-dias-puc-sp-conversa-sobre-imprensa- -e-pesquisas-de-ibope-de-1964/. Acesso em: 28 mar. 2014.

ALVES, M. H. M. *Estado e Oposição no Brasil*: 1964-1984. Petrópolis: Vozes, 1984.

BENASAYAG, Miguel; AUBENAS, Florence. *A fabricação da informação: os jornalistas e a ideologia da comunicação*. São Paulo: Loyola, 1999.

CAPELATO, Maria Helena; PRADO, Maria Lígia. *O bravo matutino*: imprensa e ideologia: o jornal O Estado de São Paulo. Campinas: Alfa-Ômega, 1980.

CARONE, Edgard. *A república liberal I*: instituições e classes sociais (1945-1964). São Paulo: Difel, 1985.

CARONE, Edgard. *A república liberal II*: evolução política (1945-1964). São Paulo: Difel, 1985.

CRUZ, H. F.; PEIXOTO, M. R. C. Na oficina do historiador: conversas sobre História e Imprensa. *Projeto História*, São Paulo, Educ, n. 35, 2005.

DREIFUSS, René Armand. *1964*: a conquista do Estado. Ação política, poder e golpe de classe. Petrópolis: Vozes, 1981.

KUSHNIR, Beatriz. *Cães de guarda*: jornalistas e censores, do AI5 à constituição de 1988. São Paulo: Boitempo, 2004.

LONGHI, Carla. Mídia impressa: visibilidade e mediação. *Revista Líbero*, São Paulo, v. 13, n. 25, p. 33-44, jun. 2010.

MARTINS, Vitor Arzani. *Brasil, narrativa e golpe*: a ação do jornal "O Estado de S. Paulo" pró-golpe, entre 1961 e 1964. 1. ed. São Paulo: Dialética, 2021.

MELO, Demian. *O plebiscito de 1963*: inflexão de forças na crise orgânica dos anos sessenta. (Dissertação de Mestrado). UFF. Niterói, 2009, p. 204.

SANTOS, Adriana Barbosa. Formas de amostragem. [*s.l.: s.n.*]. Disponível em: https://www.ibilce.unesp.br/Home/Departamentos/CiencCompEstatistica/ Adriana/formas-de-amostragem.pdf. Acesso em: 11 abr. 2024.

SKIDMORE, Thomas. *Brasil*: de Getúlio a Castelo. 10. Ed. São Paulo: Paz e Terra, 1982.

SILVA, Marcos. *Ditadura relativa e negacionismos*: Brasil, 1964 (2016, 2018...). 1. Ed. São Paulo: Maria Antonia Edições, 2021.

Fontes:

Emenda Constitucional n. 4, 2 set. 1961.

ARQUIVO EDGAR LEUENROTH, Fundo Ibope, Série PE (Pesquisas de Opinião); Pesquisa de Opinião Ibope de maio de 1962 (Ref. PE 044). Consulta entre julho de 2015 e maio de 2017 via acervo digital, disponível em https://ael.ifch.unicamp.br/ael-digital.

ARQUIVO EDGAR LEUENROTH, Fundo Ibope, Série PE (Pesquisas de Opinião); Pesquisa de Opinião Ibope de julho de 1962 (Ref. PE 045). Consulta entre julho de 2015 e maio de 2017 via acervo digital, disponível em https://ael.ifch.unicamp.br/ael-digital.

ARQUIVO EDGAR LEUENROTH, Fundo Ibope, Série PE (Pesquisas de Opinião); Pesquisa de Opinião Ibope de julho de 1963 (Ref. PE 053). Consulta entre julho de 2015 e maio de 2017 via acervo digital, disponível em https://ael.ifch.unicamp.br/ael-digital.

ARQUIVO EDGAR LEUENROTH, Fundo Ibope, Série PE (Pesquisas de Opinião); Pesquisa de Opinião Ibope de março de 1964 (Ref. PE 060). Consulta entre julho de 2015 e maio de 2017 via acervo digital, disponível em https://ael.ifch.unicamp.br/ael-digital.

CAPÍTULO 6

CULTURA E PODER NA AMAZÔNIA BRASILEIRA: O NEXO EMPRESARIAL-MILITAR NO GENOCÍDIO INDÍGENA E NAS VIOLAÇÕES DE DIREITOS TRABALHISTAS DA DITADURA MILITAR, 1964-2024

Gilberto de Souza Marques
Rodolfo Costa Machado

Introdução

Historicamente, o genocídio dos povos indígenas nas Américas constituiu um autêntico holocausto colonial. Concretizaram-se no Novo Mundo, de fato, holocaustos coloniais, no plural. Trata-se de uma história de longa duração e de permanências nas descontinuidades da vida social. Concretamente, configurou-se uma multiversidade de histórias de genocídios e resistências que se iniciam no século XVI com a conquista e a colonização das Américas pelos europeus. Que avançou, a partir do século XVIII, por meio do imperialismo, desdobrando-se ainda pela *via dos colonialismos internos*, já então na moldura dos Estados-nacionais da América Latina que, embora emancipados do jugo político de suas metrópoles do Velho Mundo, atualizaram antigas dinâmicas, práticas e processos genocidários (neo)coloniais. Das Colônias europeias nas Américas aos Estados-nação americanos soberanos e independentes, recalcitraram, no Novo Mundo, o esbulho territorial, a exploração da força de trabalho, o saque de recursos naturais e a destruição étnico-cultural de enorme contingente das populações autóctones. Coube ao búlgaro Tzvetan Todorov assinalar que "o século XVI veria perpetrar-se o maior genocídio da história da humanidade" (Todorov, 2019, p. 6-7). Demarcou-se que "em 1500 a população do globo deve ser da ordem de 400 milhões, dos quais 80 habitam as Américas. Em meados do século XVI, desses 80 milhões, restam 10" (Todorov, 2019, p. 191). O que concluir diante dessa hecatombe demográfica dos indígenas do Novo Mundo?

> Se a palavra genocídio foi alguma vez aplicada com precisão a um caso, então é esse. É um recorde, parece-me, não somente em termos relativos (uma destruição da ordem de 90% e mais), mas também absolutos, já que estamos falando de uma diminuição da população estimada em 70 milhões de seres humanos. Nenhum dos grandes massacres do século XX pode comparar-se a esta hecatombe (Todorov, 2019, p. 191-192).

À sua vez, a população nativa original do Brasil no momento da invasão europeia, segundo o cálculo do historiador brasilianista John Hemming, contava com 3.255.000 indivíduos indígenas (Hemming, 2007, p. 727). Em 2022, a população indígena no Brasil chegou a 1.693.535 pessoas, de acordo com o censo realizado pelo Instituto Brasileiro de Geografia e Estatística (IBGE), o que representa 0,83% da população total de habitantes do país (Cabral; Gomes, 2023). "O debate sobre a população nativa original do Brasil prosseguirá. Mas não pode haver dúvidas de que ocorreu uma tragédia demográfica estarrecedora e de grande magnitude" (Hemming, 2007, p. 727). Tratados como "negros da terra", os indígenas do Brasil Colônia foram as principais vítimas do "milagre" econômico e dos ciclos de expansão e interiorização da Metrópole portuguesa na América. Vítimas da ação destrutiva dos colonizadores — mortandade causada pelas armas e por doenças que dizimaram povos inteiros —,

> [...] durante todos os séculos de conquista e domínio coloniais, as tribos do Brasil sofreram uma pavorosa catástrofe demográfica. Morreram incontáveis milhares de índios, vitimados pelas doenças trazidas da Europa, e o padrão de ocupação territorial foi totalmente rompido pela invasão a partir do leste. Todas as tribos descritas pelos primeiros cronistas desapareceram, junto com centenas que virtualmente não foram registrados pelos europeus (Hemming, 1998, p. 105).

De novo, se a palavra genocídio foi alguma vez aplicada com precisão a um conjunto de casos, o Brasil é um deles. Nossa formação étnico-social é constituída, para ater-se aos povos originários ou pré-cabralinos, pela história do genocídio e da resistência indígenas. Holocaustos (neo) coloniais provocados pelo avanço das frentes econômicas capitalistas das sociedades não indígenas, metropolitana e nacional. Essa dinâmica genocidária do processo histórico brasileiro, inclusive, explica por que a maior parte dos indígenas do país (51,25% ou 867,9 mil indígenas) vive na

Amazônia Legal, região formada pelos estados do Norte, Mato Grosso e parte do Maranhão (Cabral; Gomes, 2023). Como esclarece a antropóloga Manuela Carneiro da Cunha, "os índios são mais numerosos na Amazônia pela simples razão de que grande parte da região ficou à margem, nos séculos passados, dos surtos econômicos" (Cunha, 2012, p. 125).[54]

Todavia, esse cenário em que a Amazônia se manteve à margem dos grandes surtos econômicos alterou-se drasticamente a partir do golpe empresarial-militar de 1964. Centrando-se na política econômica genocidária da ditadura subsequente, buscando contribuir com novos aportes bibliográficos, documentais e testemunhais, este trabalho demonstra de que maneira os militares e os empresários (co)gestores do Estado ditatorial foram os principais responsáveis por transformar os povos indígenas da Amazônia nas grandes vítimas do avanço do capitalismo na região. Muitas das comunidades indígenas agredidas por esse nexo, ademais, foram contatadas pela primeira vez no início dos anos 1970, no período do chamado "milagre econômico" da ditadura brasileira.

Os militares e os empresários que integraram e sustentaram o bloco do poder hegemônico pós-1964, ideologicamente se guiaram pela chamada doutrina de *Segurança Nacional* e *Desenvolvimento*, binômio de evidente articulação político-econômica. A ideologia da *Segurança Nacional* delineou a geopolítica dos militares para a Amazônia. Formulada pela Escola Superior de Guerra (ESG), seus imperativos determinavam a necessidade de *ocupar* e *integrar* essa região de fronteira. Seria preciso "integrar para não entregar" essa porção estratégica do território soberano do *Brasil Potência*. Referindo-se à Amazônia, o ditador Emílio Garrastazu Médici (1969-1974) conclamou a necessidade de "'*colonizar* o grande deserto demográfico e começar a utilizar esse potencial até agora inacessível'" (Médici *apud* Shelton, 1978, p. 66). Trata-se, pois, de uma noção artificialmente desenvolvida:

> [...] a de que o espaço amazônico era vazio — desconsiderando a presença do indígena, do caboclo, migrante, posseiro, dos remanescentes de quilombos, entre outros. Se assim era, restava tão somente ocupá-lo. E isso foi feito, mas privilegiadamente pelos militares, grandes proprietários e pelo capital (Marques, 2019, p. 89-90).

---

[54] "O que se prova até pelas exceções: onde houve borracha, por exemplo no Acre, as populações e as terras indígenas foram duramente atingidas, e a maior parte dos sobreviventes dos grupos pano do Brasil hoje estão em território peruano" (Cunha, 2012, p. 125).

Daí que a ideologia do *Desenvolvimento* pós-1964 estimulava

> [...] um processo de ocupação na Amazônia por meio de grandes empreendimentos privados e governamentais: empreendimentos de porte considerável, tecnologia avançada e implementados por complexos empresariais entre Estado e capital privado nacional e estrangeiro (Marques, 2019, p. 143).

Porém, tratar a Amazônia, como o fizera uma das propagandas oficiais do governo Médici, como "uma área que se caracteriza por um vazio demográfico só comparável ao das desoladas regiões polares" foi o ato *etnocida* preparatório para o subsequente crime de *genocídio* indígena (Agência Nacional, 1970). À época foi amplamente denunciado esse perfil etnogenocida da *Segurança Nacional* e do *Desenvolvimento* promovidos pela ditadura na Amazônia. O antropólogo Shelton H. Davis foi o primeiro a demonstrar o vínculo entre a destruição étnico-cultural dos povos indígenas do Brasil, em especial os da Amazônia, e o padrão de *Desenvolvimento* capitalista da ditadura. Em seu *Vítimas do milagre: o desenvolvimento e os índios* (1978), documentou-se que

> [...] as doenças, a morte e o sofrimento humano, que se desencadearam maciçamente sobre os índios brasileiros nos últimos anos, são o resultado direto da política de desenvolvimento econômico dos Governos militares do Brasil (Davis, 1978, p. 15).

Denunciou-se o nexo entre os processos de etnocídio desencadeados contra os povos indígenas da Bacia Amazônica e a política econômica de Segurança Nacional *máxima* e de Desenvolvimento *acelerado* que particularizou a administração Médici.

Com isso em vista, de início, o presente capítulo analisa a ponta de lança desse processo genocidário de *colonização* e *desenvolvimento* da Amazônia. Neste capítulo serão particularizadas as articulações do nexo empresarial-militar da última ditadura brasileira que, ao buscarem *colonizar* e *desenvolver* a região amazônica, perpetraram graves violações dos direitos humanos dos povos indígenas. Serão analisados, a seguir, os impactos deletérios ocasionados nas comunidades indígenas pela construção das rodovias BR-230 (Transamazônica), BR-174 (Manaus-Boa Vista) e BR-210 (Perimetral Norte).

Antes, porém, importa insistir em um ponto. As agressões aos direitos indígenas promovidas pelos megaprojetos de *Desenvolvimento* da ditadura brasileira, em especial na Amazônia, foram já à época alvo de denúncias e objeto de desmentidos. Na primeira categoria, além de Shelton H. Davis, destacou-se o geógrafo Edwin Brooks, da Aborigines Protection Society (APS), de Londres, que atingiu em cheio, caracterizando de maneira precisa, o que a Transamazônica (BR-230) significou aos povos indígenas da Amazônia: "A estrada brasileira para o etnocídio" (Brooks, 1974). Denúncias lançadas do estrangeiro, ou realizadas por membros do Conselho Indigenista Missionário (Cimi) como no caso do libelo *Y-Juca-Pirama: o índio, aquele que deve morrer* (1973),[55] eram rapidamente censuradas e desmentidas pelas autoridades. O ministro da Justiça do governo Médici, o jurista Alfredo Buzaid, chegou a organizar um "Livro da Verdade" para desmentir oficialmente os crimes de Estado da ditadura. Embora nunca publicado, no documento em questão, intitulado "Informações do governo brasileiro para esclarecer supostas violações de direitos humanos relatadas em comunicações transmitidas pela 'Comissão Interamericana de Direitos Humanos', da Organização dos Estados Americanos", a ditadura buscou refutar, entre tantas denúncias, aquela referente ao "genocídio oficial de índios" atribuído ao Estado brasileiro.[56]

A linha de defesa do impublicável "Livro da Verdade", todavia, foi publicamente defendida por Buzaid. Confrontando a imprensa com a versão oficial dos fatos, sugeriu que a "insidiosa campanha" era promovida pelo Movimento Comunista Internacional (MCI), que estaria

---

[55] "Esse documento descreveu o modelo de destruição étnica que foi deflagrado contra as tribos indígenas brasileiras a partir da construção do sistema rodoviário da Transamazônica em 1970. Caso por caso, o documento do clero demonstrou como a terra e os direitos territoriais do índio foram sacrificados em prol da rodovia e dos programas de desenvolvimento no Brasil. 'Em todo o país', declararam os bispos da região Oeste, 'as terras pertencentes aos índios estão sendo invadidas e gradualmente expropriadas. Os direitos humanos das populações indígenas são virtualmente ignorados, acarretando seu rápido extermínio cultural e biológico, como já aconteceu a tantas outras tribos brasileiras'" (Davis, 1978, p. 11).

[56] "A CAMPANHA DE DIFAMAÇÃO CONTRA O BRASIL. O presente trabalho visa a proporcionar subsídios para esclarecer fatos caluniosos inseridos na campanha de difamações contra o BRASIL, que no momento se desenvolve no Exterior. [...] Toda essa campanha infamante é conteúdo de conhecida GUERRA PSICOLÓGICA, tecnicamente programada pelo Movimento Comunista Internacional (MCI) e fomentada por seus asseclas, ainda inconformados com a derrota sofrida no BRASIL a 31 de Março de 1964. Partem dessa época os primeiros ecos da atual campanha, que tem seguido uma rota cíclica e intermitente, desde as acusações de 'violências indiscriminadas', de 'governo discricionário e militarista', de 'genocídio oficial de índios', 'perseguições religiosas', 'assassinatos políticos autorizados', 'encarceramento indiscriminado de opositores políticos', até a situação atual, com a difusão em massa de documentos criminosos, eivados de calúnias relativas à 'prática sistemática de torturas em presos políticos como forma organizada de repressão'. Esta acusação já fora dirigida em 1964 e recrudesceu em 1968" (Buzaid *apud* Machado, 2015, p. 154–155).

interessado em difamar o Brasil atribuindo ao governo a prática dos crimes de "perseguições religiosas e extermínio de índios". À *Veja*, em 3 de junho de 1970, Buzaid alegou que "a campanha incluiria três fases: na primeira, teria sido levantada a questão do massacre de índios, na segunda, uma crise entre a Igreja e o estado; e, na terceira, a prática de violências e torturas" (Veja *apud* Machado, 2015, p. 154). Quanto ao genocídio indígena especificamente, o ministro do Interior de Médici, José Costa Cavalcanti, ao qual a Fundação Nacional do Índio (Funai) estava subordinada, também se manifestou sobre o assunto, negando a existência de genocídio indígena:

> Eu nego formalmente essa acusação contra o Brasil. Nós nunca praticamos aqui o genocídio. Creio, nem sei mesmo como essa palavra chegou a ser empregada, porque o que tem havido em relação ao branco e ao índio, no Brasil, podemos dizer, é que às vezes, pelo próprio avanço da nossa civilização, pelo encontro com nosso índio, tem havido algumas vezes alguns entreveros, e uma ou outra vez tem acontecido morte de índios, tem acontecido mortes de branco, mas nunca com essa acepção de genocídio ou de extermínio de raça, isso é inteiramente inverídico com relação à política nossa do governo para com o nosso índio. Eu repito, nego formalmente (Cavalcanti *apud* CMV-UFRJ, 2022).

A ditadura destacou todo o seu aparato institucional, bem como o de seus aliados na imprensa, à época sob forte censura, a fim de desmentir o fato de que sua política econômica oficial de *colonizar, integrar* e *desenvolver* a Amazônia estaria promovendo um etnogenocídio das populações indígenas do Brasil. Destacou-se nesse esforço negacionista dos crimes de Estado o jornalista Danton Jobim, presidente da Associação Brasileira de Imprensa (ABI) e integrante do Conselho de Defesa dos Direitos da Pessoa Humana (CDDPH), responsável pelo parecer *O problema do índio e a acusação de genocídio* (1970). O escriba ditatorial salientou que, "à luz da vasta documentação compulsada, nada achei que pudesse confirmar esse terrível veredicto, que configuraria a ocorrência de genocídio" (Jobim, 1969, p. 12). "Aos crimes cometidos contra índios, no Brasil", criticou,

> [...] procura-se emprestar a conotação de genocídio, como acontece na história fantástica em que um etnólogo sueco, Lars Persson, afirma que soube haver o nosso Governo encomendado certo tipo de aviões para lançar bombas napalm sobre aldeias de índios (Jobim, 1969, p. 5).

O Parecer Jobim, aprovado em 12 de dezembro de 1969 pelo CDDPH, sob a presidência do ministro da Justiça Buzaid, recomendou o arquivamento da acusação de que no Brasil praticava-se um "genocídio oficial de índios":

> O objeto do presente processo é apurar se existe ou não uma política de genocídio sustentada ou esposada pelo Governo brasileiro. A resposta é *não*. O Governo Federal mantém uma política de proteção ao silvícola brasileiro e procura defendê-lo, embora nem sempre o órgão especializado consiga desempenhar com eficiência sua missão (Jobim, 1969, p. 13).

Essas denúncias e desmentidos sobre genocídio indígena na ditadura brasileira foram contemporâneos aos fatos e às dinâmicas violadoras dos direitos humanos em tela. E o principal móvel político-econômico desses processos genocidários, ora denunciados, ora desmentidos, foi o Programa de Integração Nacional (PIN), lançado pelo governo Médici. Começamos por ele, acompanhando a construção das rodovias e caracterizando o tipo de *indigenismo oficial* — de fato, anti-indígena — exigido pela política econômica da ditadura brasileira em seus "anos de chumbo" e de "milagre". "Chumbo" e "milagre" de quem? Contra quem? Em benefício de quem? Em detrimento de quem?

O Programa de Integração Nacional (PIN) e a *desintegração* genocida dos indígenas

Logo após o golpe empresarial-militar de 1964, a ditadura subsequente buscou fortalecer a acumulação capitalista industrial nos centros mais industrializados do país, implantando no Norte e no Nordeste um mecanismo de incentivos fiscais que efetivasse a "integração nacional". Incentivou-se a entrada de capitais na região, "numa relação capital internacional, nacional e Estado autoritário, com a aceitação da burguesia local", substituindo-se "relações sociais e de produção preexistentes, desapossando grande parte da população local (indígenas e ribeirinhos, por exemplo), gerando com isso conflitos que ainda hoje se mantêm" (Marques, 2019, p. 91). No primeiro governo ditatorial, do general-marechal Humberto de Alencar Castelo Branco, "um novo e mais incisivo processo de ocupação da região" foi lançado através da Operação Amazônia (Opan), com o Estado garantindo "as condições básicas necessárias à produção privada", concentrando-se o capital privado "na busca de lucros (com os menores custos e riscos possíveis)" (Marques, 2019, p. 94). A Opan configurou uma:

> [...] ação estatal para distribuir dinheiro público para capitalistas nacionais e estrangeiros se apropriarem gratuitamente e transformarem em lucro os recursos naturais da região. Ela foi uma expressão do projeto desenvolvimentista-autoritário. Com a caracterização da região como subdesenvolvida, problemática, como uma ameaça à integridade nacional, o governo ditatorial assume a condução da 'integração' à 'nação' brasileira (Marques, 2019, p. 97).

Com o golpe dentro do golpe, isto é, o recrudescimento da ditadura com a escalada da "linha dura", a entronização do general-marechal Arthur da Costa e Silva, da Junta Militar e do general Médici, o projeto geopolítico e empresarial-militar da Opan foi aprofundado, metamorfoseando-se no Programa de Integração Nacional (PIN), "instituído pelo decreto-lei n.º 116, de 16 de julho de 1970, sem tramitação no Congresso ou discussão prévia em ambientes públicos institucionais, sendo expedido diretamente pelo ditador Médici" (Campos, 2021, p. 70). A ponta de lança do PIN foi a Rodovia Transamazônica (BR-230), anunciada como uma medida para resolver a seca e a pobreza do Nordeste, promovendo o deslocamento populacional de nordestinos para a Amazônia — desumanizada em seu território como um "vazio demográfico" —, o que também resolveria, supostamente, o problema geopolítico de proteger nossas fronteiras soberanas, *desenvolvendo* a região. "'Homens sem terra no Nordeste', disse Médici à imprensa brasileira, 'terra sem homens na Amazônia'" (Davis, 1978, p. 64). Jurou-se, então, que "'a Rodovia Transamazônica será um caminho aberto para permitir aos habitantes do Nordeste colonizar o grande deserto demográfico e começar a utilizar esse potencial até agora inacessível'" (Médici *apud* Davis, 1978, p. 66).[57]

---

[57] "No início dos anos 1970 foram criados o Programa de Integração Nacional (PIN), cuja principal tarefa foi a construção da rodovia Transamazônica e o Programa de Redistribuição de Terras e de Estímulo à Agroindústria do Norte e Nordeste (Proterra). A construção da rodovia (e do Proterra), de acordo com o discurso oficial, servia para levar os homens sem terra (nordestinos) à terra sem homens (Amazônia), sendo a estrada parte da política de integrar (a região ao Brasil) para não a entregar a outros países. Esse discurso falacioso escondia duas questões, entre tantas: os conflitos fundiários no Nordeste, decorrentes da altíssima concentração fundiária, e a política entreguista da ditadura. Conjuntamente, Transamazônica e Proterra passaram a dispor de 50% dos incentivos fiscais antes destinados à Sudam" (Marques, 2017, p. 98).

Também o jurista Miguel Reale saudou a *integração* da Amazônia promovida pelo governo Médici, definindo a região como o *Lebensraum* brasileiro e apostando que "lograremos integrar na civilização o espaço vital [...] sobre cujas riquezas atuais e potenciais só a nós cabe decidir" (Reale, 1972, p. 45). O PIN integrou-se ao I Plano Nacional de Desenvolvimento (I PND, 1972-1973) e à sua versão regional, o I Plano de Desenvolvimento da Amazônia (I PDA), tomando-se a Amazônia como um "vazio demográfico" e como o "espaço vital" brasileiro, a *nova* "fronteira de recursos".[58]

Todavia, no caminho desse programa de *integração* da Amazônia brasileira havia indígenas e, "entre tantas, uma promessa lhes foi cumprida: a de lhes tomar a terra" (Marques, 2019, p. 114). A expropriação territorial, para os indígenas, é o marco zero de um processo genocidário. Assim, a *integração* da Amazônia promovida pela ditadura implicou a *desintegração* etnogenocida dos povos indígenas da região. Como esclarece o sociólogo Octavio Ianni,

> [...] a expropriação da terra indígena sempre se realiza com a simultânea expropriação cultural. Toda cultura material e espiritual do índio se produz e reproduz no modo pelo qual o índio produz e reproduz a sua vida, a sua sociabilidade (Ianni, 1979, p. 215).

Isto é,

> [...] para o índio, [...] a terra é o principal objeto e meio de produção. Para produzir e reproduzir a sua vida, o seu modo de vida, o índio precisa trabalhar a terra. É a terra, em sentido lato, chão, lugar, mata, rio, animais, aves, peixes, frutos e magias, que constitui a base da comunidade indígena (Ianni, 1979, p. 196).

> A maneira pela qual o índio se apropria da natureza — a terra, a mata, o fruto da terra, o fruto da mata, o rio, o peixe, o animal, a ave — tudo isso diz respeito ao modo pelo qual o índio produz e reproduz a sua vida, a sua sociabilidade, a sua cultura material e espiritual. Por isso, a guerra da

---

[58] "As prioridades seriam: a) integração física (fundamentalmente pelas rodovias, numa região secularmente integrada pelos rios); b) 'desenvolvimento' econômico centrado no setor privado e apoiado pelos incentivos fiscais da Sudam e da Suframa; c) ocupação humana 'racional' dos 'espaços vazios', agora claramente orientada pelas grandes rodovias abertas ou em abertura. Quais espaços vazios? Aqueles que apresentassem potencialidade de recursos naturais e lucros" (Marques, 2019, p. 101–102).

> sociedade brasileira contra o índio começa e termina com a expropriação da sua terra. A terra é o seu principal, às vezes quase único, meio e objeto de produção. Transformar a propriedade tribal em propriedade ocupada, grilada, latifúndio, fazenda, empresa, é sempre o primeiro e último passo para transformar o 'índio' em 'nacional' [...] Desde que a ditadura instalada com base no Golpe de Estado de 1964 passou a incentivar e proteger o desenvolvimento capitalista do enclave amazônico, o processo de expropriação da terra e cultura indígenas intensificou-se e generalizou-se. [...] passaram a atuar intensa e generalizadamente na expropriação da terra e da cultura do índio amazônico (Ianni, 1979, p. 215-216).

Nesse contexto em que o Estado atuava contra os indígenas, também seu órgão indigenista oficial, a Fundação Nacional dos Índios (Funai) — criada em 1967 como sucedâneo do Serviço de Proteção aos Índios (SPI) — subsumiu-se aos interesses político-econômicos de *integração* da Amazônia e de *desintegração* genocida dos povos originários do Brasil. Protegendo a empresa privada em termos econômicos e políticos, o poder estatal

> [...] fez com que se acelerasse e generalizasse ainda mais o processo de expropriação das comunidades indígenas. Isto é, o Estado também foi levado a atuar contra a comunidade tribal, em sua economia, sociabilidade e cultura (Ianni, 1979, p. 189).

Orientada por um indigenismo empresarial-militar, a Funai atuou "de modo a controlar e favorecer o processo de integração do índio", expropriação de terras indígenas que "implica sempre uma expropriação mais global, envolvendo a força de trabalho, o produto do trabalho, a cultura e o próprio conjunto de modo de vida indígena" (Ianni, 1979, p. 186). O Estado foi levado, pelo capital monopolista, a acelerar um *Desenvolvimento* extensivo, agressivo e repressivo do capitalismo na Amazônia, constituindo-se a Funai "como um órgão da política econômica da ditadura", transformando-se:

> [...] em um instrumento de aculturação agressiva, isto é, determinada exclusivamente pela forma de expansão capitalista que passou a realizar-se na região. Tudo deveria subordinar-se ao 'progresso', que o governo estava impondo à sociedade, em associal com o capital monopolista. 'Toma-

remos todos os cuidados com os índios, mas não permiti-remos que entravem o avanço do progresso' [José Costa Cavalcanti, ministro do Interior]. Para os governantes, as frentes de 'expansão' e 'pioneiras' são as verdadeiras manifestações do 'desenvolvimento', 'progresso' e 'moder-nização' (Ianni, 1979, p. 183).

Desenvolvimento de quem? Progresso para quem? Qual moderni-zação? Ou seja, em benefício de quem? Em detrimento de quem? Tragi-camente, as maiores vítimas dessas frentes "pioneiras" foram os povos indígenas da Amazônia. E o "pioneirismo" dos "desbravadores" pro-pagandeado pela ditadura brasileira, como ensina o sociólogo José de Souza Martins, oculta o lado trágico da fronteira, "da frente de expansão da sociedade nacional sobre territórios ocupados por povos indígenas", "que se expressa na mortal conflitividade que a caracteriza, no genocida desencontro de etnias e no radical conflito de classes sociais contrapostas" (Martins, 1997, p. 15). "O deslocamento progressivo das *frentes de expansão* tem sido, na verdade, um dos momentos pelos quais se dá o processo de reprodução ampliada do capital, o da sua expansão territorial" (Martins, 1997, p. 27). Essas novas fronteiras estimuladas pelo Estado ditatorial em associação ao grande capital, portanto, configuraram "um cenário altamente conflitivo de humanidades" e, "no que se refere aos diferentes grupos dos chamados civilizados que se situam 'do lado de cá', um cenário de intolerância, ambição e morte" (Martins, 1997, p. 11).[59]

Essas novas fronteiras, assim, constituíram um espaço de "disputa pela definição da linha que separa a Cultura da Natureza, o homem do animal, quem é humano e quem não o é" (Martins, 1997, p. 12). Os indí-genas foram desumanizados e animalizados, ideologicamente, enquanto ato preparatório para a execução do crime de genocídio, promovido pelo nexo empresarial-militar constitutivo da ditadura brasileira. Acelerando o processo de *integração nacional*, o nexo Estado-capital acelerou a destrui-ção étnico-cultural desses povos, viabilizando e executando o genocídio indígena. Entre 1970 e 1974, "a política indigenista brasileira tornou-se cada vez mais comprometida com a política global de desenvolvimento econômico do regime militar" e, então, a Funai "passou a ser a principal

---

[59] Desse modo, "o aparentemente novo da fronteira é, na verdade, expressão de uma complicada combinação de tempos históricos em processos sociais que recriam formas arcaicas de dominação e formas arcaicas de reprodução ampliada do capital, inclusive a escravidão, bases da violência que a caracteriza. As formas arcaicas ganham vida e consistência por meio de cenários de modernização e, concretamente, pela forma dominante da acumulação capitalista, racional e moderna" (Martins, 1997, p. 15).

cúmplice nos processos de etnocídio desencadeados contra as tribos da Bacia Amazônica" (Davis, 1978, p. 104).

A política indigenista da Funai, pois, "acelerou, em vez de deter, os processos de destruição étnica que caracterizam tão amargamente a história das frentes de expansão no Brasil" (Davis, 1974, p. 104). Enfim, a ditadura brasileira, na articulação empresarial-militar de seu Programa de Integração Nacional (PIN), promoveu a *desintegração* etnogenocida dos povos indígenas do país, em especial aqueles da Amazônia. "Índio bom é índio integrado." E "índio integrado" é "índio morto". *Segurança nacional*, para os povos originários, foi sinônimo de *insegurança* máxima, de extermínio e genocídio, mais um holocausto (neo)colonial, "legitimado" pela "ideologia racial dos beneficiários diretos e indiretos do desenvolvimento extensivo do capitalismo na Amazônia" (Davis, 1974, p. 203). Se a Amazônia foi tida como o *Lebensraum* brasileiro, isto é, o nosso "espaço vital", o racismo anti-indígena fez com que, na prática, os indígenas se constituíssem como os *Untermensch* brasileiros, nossos "povos inferiores", subumanos, portanto, "matáveis".

> O indígena aparece nesse processo [de ocupação da Amazônia] como algo estranho, acidente da natureza, povo a ser reduzido ou descido. Pode ser 'isolado', 'em vias de integração', ou 'integrado'. Do ponto de vista dos beneficiários diretos e indiretos, públicos e privados, as chamadas 'frentes de expansão', ou 'pioneiras', índio bom é índio 'integrado', isto é, submetido; ou índio exterminado. Índio, enquanto índio, faz parte de outro mundo; ou da natureza não conquistada; ou da sociedade não conquistada. Isso, em geral, é o que está no pensamento e na prática de pioneiros desbravadores, grileiros, posseiros, jagunços, pistoleiros, técnicos, funcionários, burocratas e outros, que se acham a serviço das 'frentes de expansão', ou 'pioneiras', do capitalismo na Amazônia (Ianni, 1979, p. 202).

Consoante o indigenismo anti-indígena da ditadura, consequentemente,

> [...] para deixar de ser 'índio', tornar-se 'nacional', é necessário que o índio abandone a propriedade tribal, incorpore a ideia e a prática da propriedade privada. [...] Só assim o índio deixa de ser um obstáculo ao desenvolvimento extensivo do capitalismo na Amazônia (Ianni, 1979, p. 215).

Combinou-se, pois, um programa de *integração* militar e político-e-conômica da Amazônia com um plano de *desintegração* etnogenocida dos povos indígenas da região. *Cui bono?* Isto é, quem se beneficiou, política e economicamente, desse genocídio e das graves violações dos direitos humanos dos povos indígenas? Uma enorme complexidade de interesses se articulou no PIN, que, para os indígenas da Amazônia, configurou a desinte-gração étnico-cultural programada. O historiador Pedro Henrique Pedreira Campos elucida uma convergência de interesses militares, fundiários, agropecuários, madeireiros, minerários e propagandísticos que conduziu o lançamento do PIN, identificado com a inauguração das obras da Tran-samazônica (BR-230), a primeira de um conjunto de rodovias destinadas a *colonizar, integrar* e *desenvolver* a Amazônia.[60] Ou seja, a construção da BR-230 "representou uma possibilidade de ganho para grupos econômicos internacionais e brasileiros, seja através dos projetos minerais, da aquisição, exploração e especulação de engenharia" (Campos, 2021, p. 68).[61]

Em suma, os grandes empreendimentos e megaprojetos de infraes-trutura viabilizados e lançados pela ditadura brasileira estiveram a serviço do grande capital. A seguir, joga-se luz às principais articulações empre-sariais e militares que viabilizaram as principais rodovias brasileiras para o genocídio indígena na Amazônia, a saber: a BR-230 (Transamazônica), a BR-174 (Manaus-Boa Vista) e a BR-210 (Perimetral Norte).

Empreiteiros da Transamazônica (BR-230) e do genocídio indígena

A Rodovia Transamazônica (BR-230) — "a estrada brasileira para o etnocídio" (Brooks, 1974) —, como reconheceu à época o ministro do Interior do governo Médici, José Costa Cavalcanti, "cortaria terras de 29

---

[60] "Em outubro de 1970, o Governo brasileiro começou a construir várias estradas pioneiras atravessando a Bacia Amazônica. [...] Em 1970, o Governo brasileiro começou a construir mais três estradas na Bacia Amazô-nica: a Transamazônica, com 5 mil quilômetros, correndo de leste a oeste através da Amazônia, do Nordeste do Brasil à fronteira com o Peru; a BR-165, ou Rodovia Santarém-Cuiabá, de norte a sul, atravessando a região Centro-Oeste; e a BR-174, ligando Manaus a Boa Vista (Roraima), ao longo da fronteira setentrional com a Venezuela e a Guiana" (Davis, 1978, p. 89).

[61] Além dos interesses minerais e fundiários/agropecuários, afora a exploração pela publicidade oficial e os contornos geopolíticos do projeto, a obra da Transamazônica interessou diretamente às construtoras respon-sáveis pela sua realização, bem como às empresas fabricantes de equipamentos de material rodoviário que desenvolveram as máquinas usadas durante a construção (Campos, 2021, p. 73).

etnias indígenas, sendo 11 grupos isolados e nove de contato intermitente — acarretando remoções forçadas" (CNV, 2014, p. 209).[62]

Não apenas o governo ditatorial exaltou a BR-230, mas também os principais veículos de imprensa do país. A *Folha de S. Paulo* estampou em manchete: "'Ocupação da Amazônia'. *O Estado de S. Paulo* também comemorou: 'Transamazônica povoará a selva'" (Valente, 2017, p. 86). Embora consciente do fato de que 29 povos indígenas da Amazônia seriam afetados pela BR-230, o Estado brasileiro nada fez "para responder às perguntas que de fato importavam para o destino das etnias espalhadas ao longo do trajeto" (Valente, 2017, p. 87), a saber:

> [...] elas seriam contatadas quanto tempo antes das obras? Onde exatamente estavam os índios? Quantos seriam os médicos e os medicamentos necessários para esses contatos? Quais eram os recursos, a logística e os indigenistas mobilizados pela Funai? (Valente, 2017, p. 87).

Ao contrário, os militares preocuparam-se apenas em proteger as empreiteiras da Transamazônica e evitar atrasos na obra. O presidente da Funai, general Oscar Jerônymo Bandeira de Mello, em entrevista a *O Estado de S. Paulo*, em agosto de 1970, declarou que se reunira com representantes das empreiteiras da Transamazônica para "esclarecer o que deveria ser feito 'para impedir que as 29 tribos *atrapalhem os trabalhos da região*'" (Valente, 2017, p. 88).

> Nada se falava na imprensa sobre prevenção às doenças que as empreiteiras e o próprio pessoal da Funai poderiam levar a grupos indígenas sem proteção imunológica contra doenças dos "civilizados" que pela primeira vez passariam a frequentar aqueles lugares ermos (Valente, 2017, p. 88).

Se isso não configura no Direito Internacional dos Direitos Humanos o *dolo* necessário à tipificação do crime de genocídio, os militares agiram com evidente *dolo eventual*, assumindo o risco da ocorrência do genocídio dos 29 povos indígenas afetados pela Transamazônica. O jurista Flávio de Leão Bastos Pereira destaca que o projeto ditatorial de *Desenvolvimento* configurou um genocídio planejado, pois incentivou a arregimentação da mão de obra indígena como parte de seu plano político-econômico,

---

[62] Grupos intermitentes: Apinagé, Suruy, Xikreim, Djore, Gorotire-Kaiapó, Kubemkrain-Kein, Frakraimôro, Pakass-Novas e Rigptapsá. Grupos isolados: Araras, Assurini, Akakôa-Ty, Araraskarib, Juruna, Kararaô-Kaiapó, Apiaká, Kain-Akorê, Suvá, Cintas-Largas e Nanbikuaras. Grupos integrados: Munduka, Maués, Mura-Parintintin, Palmari, Katukina, Apurinãs e Parecis (Ianni, 1979, p. 181).

"razão pela qual o assimilacionismo e a aculturação dos indivíduos — uma forma de genocídio, mediante a supressão total da cultura e da identidade do grupo vitimado — passaram a ser buscados pelo regime" (Pereira, 2018, p. 161).

> Independentemente das posições e dos critérios adotados por pesquisadores e estudiosos, antropólogos e sociólogos, fato é que, ao longo do século XX, incluído o período da ditadura civil-militar instaurada em 1964, as populações indígenas foram submetidas não apenas à sua redução, como também — e principalmente — à destruição das bases fundamentais para a sua existência e dos seus diversos referenciais cosmológicos [...] Mencionado processo, em suas causas, em seu *modus operandi* e em suas consequências, não pode ser subsumido, em todo o seu contexto, aos parâmetros do crime de genocídio nos termos atualmente vigentes segundo o Direito Internacional, mas apresenta elementos sociológicos e antropológicos que permitem, por meio de interpretações dialógicas com o Direito, estabelecer novos parâmetros de identificação de processos genocidários não reconhecidos como tal, especialmente em relação ao período objeto da presente investigação (ditadura civil-militar — 1964 a 1985) e à sua visão desenvolvimentista (Pereira, 2018, p. 34).

E quais foram as empreiteiras copartícipes, ao lado dos militares, desse processo genocidário ou, no mínimo, de graves violações dos direitos humanos das 29 etnias indígenas agredidas pela BR-230? Antes de nomeá-las, registre-se quem abriu a chave do cofre: coube ao "czar da economia" de Médici, o ministro Antonio Delfim Netto, "anunciar a decisão sobre a obra aos empreiteiros" (Valente, 2017, p. 86). Todas as empreiteiras da Transamazônica foram divididas em lote ao longo dos 3 mil quilômetros da estrada, "beneficiadas com um sistema de renúncia do Imposto de Renda" e pelo uso facilitado da força de trabalho "dos flagelados da seca nordestina" (Valente, 2017, p. 86) e da mão de obra de "índios aculturados", conforme consta em autorização concedida pelo general Antonio Esteves Coutinho, chefe da Delegacia Regional da Funai em Manaus, a uma das construtoras da estrada que se especializou no esbulho e na mineração de terras indígenas na Amazônia, a Paranapanema S/A (Gomes, 2021, p. 152).

As empreiteiras da Transamazônica (e do etnocídio indígena) foram as seguintes: Mendes Junior, Queiroz Galvão, Camargo Correa, Construtora Rabello (ligada a Juscelino Kubitschek), Empresa Industrial Técnica (EIT) e Paranapanema (Campos, 2021, p. 73). Algumas dessas empreiteiras, ou de seus dirigentes, participaram da conspiração e do golpe de Estado de 1964 contra o presidente João Goulart. No caso da Camargo Correa, de Sebastião Camargo, além de ser a "maior empresa de construção de toda ditadura", "afinada com o regime", foi uma "patrocinadora da Operação Bandeirante (Oban)" (Campos, 2021, p. 74). No caso da Paranapanema, um de seus sócios, Antonio Dias Leite, presidente da Companhia Vale do Rio Doce (1967-1968) e ministro de Minas e Energia (1969-1974), fora um importante tecnoempresário do Instituto de Pesquisas e Estudos Sociais (Ipes), poderoso *think tank* golpista anti-Goulart (Santos, 2021, p. 111).

Essas empreiteiras da "estrada brasileira para o etnocídio" (Brooks, 1974), além de violarem os direitos humanos dos povos indígenas, também o fizeram contra seus operários e trabalhadores. "A Transamazônica foi campeã em acidentes de trabalho" e, "apenas no segundo semestre de 1972, foram contabilizados oficialmente 133 operários mortos na obra" (Campos, 2021, p. 76). Contudo, e é isto que nos interessa por ora, não foram apenas os operários que sofreram com a obra da Transamazônica, mas, principalmente, os povos indígenas da região. Ainda resta por sistematizar a cumplicidade e a responsabilidade empresariais no etnocídio perpetrado pela ditadura contra as 29 etnias indígenas impactadas pela construção da BR-230. Citam-se a seguir apenas alguns dos povos agredidos, resgatando depois o caso mais bem documentado de violação empresarial-militar dos direitos indígenas, o dos tupi-Kagwahiva Jiahui e Tenharim.

Os Parakanã foram os primeiros a serem "pacificados" pela Funai na construção da Transamazônica. Eles foram aliciados pelos trabalhadores da estrada, que lhes "deram presentes [...] e violentaram várias índias. Os relatos também davam conta de que agentes da FUNAI haviam praticado violências sexuais contra algumas mulheres da tribo" (Davis, 1978, p. 94). A "pacificação" ocasionou inúmeras mortes entre os Parakanã, que "tiveram uma redução populacional na ordem de 54%, resultante de 108 mortes" (Valente, 2017, p. 102).[63] Em maio de 1972, essa dizimação levou à renúncia do sertanista da Funai Antonio Cotrim Soares, que denunciou:

---

[63] O jornalista Rubens Valente corrige e reatualiza alguns números da Comissão Nacional da Verdade (CNV), que, no caso dos Parakanã, computou 118 (e não 108) mortos (CNV, 2014, p. 254).

"'Estou cansado [...] de ser um coveiro de índios... Não pretendo contribuir para o enriquecimento de grupos econômicos à custa da extinção de culturas primitivas'" (Davis, 1978, p. 95). Agentes da Funai e operários da construtora Mendes Junior, de acordo com o coronel da reserva do Exército Antônio Augusto Nogueira, foram os prováveis responsáveis por transmitir *ameba histolística* entre os Parakanã.[64] Quanto aos Asurini e Gavião, coube ao neto do marechal Candido Rondon "pacificá-los". Uma das frentes dirigida pelo coronel Pedro da Silva Rondon acompanhou a turma de topografia da empreiteira Queiroz Galvão e a outra apoiava a frente da construtora Mendes Júnior (Valente, 2017, p. 91).

Em carta, o sertanista Antonio Cotrim Soares, que calculou em 36 os Asurini mortos pela "pacificação" — entre 1971 e 1974, "42% do grupo dos Asurini foi dizimado" (Valente, 2017, p. 104) —, lamentou ao neto do marechal Candido Rondon:

> Triste ironia do destino, transformaram-me involuntariamente em coveiro de índio [...] [,] administrador de um cemitério indígena. Eis o epílogo desta situação de contato; povo condenado pelo fatalismo ao desaparecimento. Quem não estava preparado para o contato, nós ou eles? (Cotrim *apud* Valente, 2017, p. 98-99).

Depois dos Parakanã e Asurini, os Araweté, os Arara e os Kararaô foram agredidos pelas frentes de trabalho da Transamazônica. No mínimo 73 Araweté foram mortos, "nada menos que 36,5% da população araweté na época, estimada também [...] em duzentas pessoas" (Valente, 2017, p. 116). Atualizaram-se, então, "pequenos" holocaustos (neo)coloniais:

> [...] um terço de uma etnia inteira pereceu num intervalo de poucos meses. Se o mesmo ocorresse numa cidade como São Paulo, por exemplo, o efeito seria similar à detonação de uma bomba nuclear, com a perda de 4,2 milhões de pessoas (Valente, 2017, p. 116).

Já os Arara tiveram seu território dividido ao meio pela BR-230. Fugiram para não serem dizimados, mas lutaram "com suas trincheiras, flechas e bordunas, como a última etnia a resistir à passagem da Transa-

---

[64] O coronel chancelou a investigação feita pelo chefe da equipe de saúde da Funai Antônio Fernandes Medeiros, "segundo o qual: 'tudo leva a crer que essa transmissão se deveu aos servidores da Funai contaminados (integrantes das frentes), não afastando a hipótese de outra fonte de contaminação, uma vez que soube no acampamento que os referidos índios tiveram contatos com os civilizados da construtora Mendes Júnior S.A'" (Valente, 2017, p. 95).

mazônica" (Valente, 2017, p. 124). "Tal situação de insegurança resultou na desestabilização de sua vida produtiva — os Arara não podiam fazer roças ou caças, por exemplo —, na desagregação social e no seu isolamento em pequenos grupos" (CNV, 2014, p. 230).[65]

A construtora e mineradora do genocídio tupi-Kagwahiva: os Jiahui e Tenharim

Se ainda é preciso apurar a responsabilidade empresarial no etnocídio promovido pela ditadura e suas empreiteiras durante a construção da Transamazônica, ao menos um caso está amplamente documentado. Trata-se das graves violações de direitos humanos dos povos tupi-Kagwahiva perpetradas pela construtora (e mineradora) Paranapanema. A tese da historiadora Adriana Gomes Santos (2021) foi a primeira a sistematizar essa ação empresarial-militar contra os tupi-setentrionais, em especial os Jiahui e Tenharim. Também os autores deste capítulo integram a equipe de pesquisa que, atualmente, assessora o Ministério Público Federal e o Ministério Público do Trabalho em Inquérito Civil Público que, no marco da Justiça de Transição, busca apurar as responsabilidades empresariais e administrar formas de reparação aos indígenas.

A Paranapanema empreitou o último trecho da Transamazônica, entre a cidade de Humaitá e o rio Aripuanã, no extremo sul do Amazonas. Construiu aproximadamente 300 quilômetros de estrada, recebendo subsídio de 25 mil dólares da United States Agency for International Development (Usaid) e, mesmo assim, a empresa escravizou os Jiahui e os Tenharim do Marmelos para o trabalho de desmatamento do trecho empreitado (Santos, 2021, p. 155; Marques, 2023, p. 163). Testemunhos indígenas reconstituem esse processo de escravização,[66] acompanhado da destruição de aldeias e cemitérios, bem como de violência sexual de mulheres e rapto de indivíduos Jiahui e Tenharim, manifestações concretas

---

[65] Em número subnotificado, a CNV registrou que "mais de 14 Arara" morreram nessa "pacificação" (CNV, 2014, p. 254).

[66] "Depoimentos de Macedo Tenharim (Tayri) — '"trabalhamos tipo escravidão'" — de Margarida Tenharim — "os índios foram usados quase como escravos para a abertura da estrada" —, e de Domiceno Tenharim — 'Os Tenharim ajudou a construir como escravidão' —, concretamente, são capazes de ilustrar o tipo de arregimentação de trabalho indígena feito por essa empreiteira escolhida pela ditadura militar para a construção da Transamazônica" (Marques, 2023, p. 109).

do renascimento de formas *arcaicas* de espoliação em plena *modernização* capitalista promovida pela ditadura militar e seus empreiteiros.[67]

O responsável pela empresa, Pedro Camargo, foi autorizado pelo general Antonio Esteves Coutinho, chefe da Funai de Manaus, a arregimentar mão de obra dos "índios aculturados" nas frentes de trabalho de construção da BR-230. Destacou-se, então, por escravizar os tupi-Kagwahiva, "pagando-lhes" com "uma caixa cheia de bonecas para crianças". Enquanto construiu a BR-230, a Paranapanema a interligou com um ponto de mineração de cassiterita, através da Rodovia do Estanho, dentro do território Tenharim do Igarapé Preto, na fronteira com Mato Grosso. A empresa "comprou" as terras do grileiro Plínio Sebastião Xavier Benfica, incorporando-o ao quadro proprietário de suas subsidiárias da mineração. No Igarapé Preto, a Paranapanema e suas subsidiárias (Aripuanã, Mibrel, Taboca etc.) construíram uma gigantesca *Company Town*, que saqueou os minérios do subsolo Tenharim até 1989, abandonando a área em completa devastação ambiental. Construiu uma escola militarizada na "cidade minerária", proibindo o uso da língua tupi entre os indígenas, em processo de destruição étnico-cultural linguicida.

Em 30 de janeiro de 1974, Médici visitou o trecho da Transamazônica em Humaitá empreitado pela Paranapanema, retratado como "um tobogã" pela imprensa, tamanha quantidade de aterros e cascalhos (Valente, 2017, p. 124). Posteriormente, o ditador Ernesto Geisel "legalizou" a grilagem do território Tenharim do Igarapé Preto, em benefício do grileiro e da empresa que lhe "comprou" a área. O Decreto n. 80.639, de 27 de outubro de 1977, assinado por Geisel e pelo ministro de Minas e Energia Shingeaki Ueki, concedeu

> [...] à Paranapanema S.A. Mineração, Indústria e Construção o direito de lavrar cassiterita [...] em terrenos de propriedade de Plínio Sebastião Xavier Benfica, no lugar denominado Igarapé Preto, Distrito e Município de Novo Aripuanã, Estado do Amazonas (Marques, 2023, p. 117).[68]

---

[67] Esse renascimento da escravidão constituiu um tipo de "acumulação primitiva no interior da reprodução ampliada do capital" na *Fronteira* amazônica, área de "degradação do Outro nos confins do humano" (Martins, 1997, p. 91).

[68] Já em 1967, Plínio Sebastião Xavier Benfica fora apontado como violador de direitos indígenas pelo Relatório do Procurador Jader Figueiredo. Ao lado do diretor do Serviço de Proteção aos Índios (SPI), major aviador Luis Vinhas Neves, esse empresário havia grilado terras dos Uru-eu-au-au, em Rondônia, vitimados pelo *boom* da exploração de cassiterita na área (Marques, 2023, p. 93).

A cadeia do esbulho das terras dos Tenharim do Igarapé Preto estendeu-se, assim, do grileiro ao presidente da República. Esse ato, porém, inseriu-se em esquema espoliativo mais amplo. No campo do incentivo à mineração, o Programa de Integração Nacional (PIN) articulou-se com a Companhia de Pesquisa de Recursos Minerais (CPRM) e com o Projeto Radar da Amazônia (Radam), mecanismos institucionais para "produzir conhecimento mineralógico e colocá-lo à disposição das empresas mineradoras" (Marques, 2019, p. 144). A própria CPRM foi criada em 1970 pelo ministro de Minas e Energia Dias Leite, sócio-proprietário da Paranapanema.

Genocídio Waimiri-Atroari: guerra e mineração na BR-174 (Manaus-Boa Vista)

Se é verdade que "o programa rodoviário da Transamazônica foi um esforço militar", e que "os batalhões de engenharia do Exército brasileiro desempenharam importante papel na construção da grande rede rodoviária amazônica" (Davis, 1978, p. 90), isso é especialmente certo para o caso da BR-174. A Rodovia Manaus-Boa Vista passou no território Waimiri-Atroari (Kinã, Kinja), povos que resistiram obstinadamente à construção da estrada. Em 1968, os militares enviaram o padre Giovanni Calleri para "pacificar" os Waimiri-Atroari, que assassinaram o religioso e membros de sua equipe "pacificadora". Em 1974, os indígenas voltaram a reagir à invasão de suas terras, assassinando o sertanista da Funai Gilberto Pinto Figueiredo.[69] Os casos foram largamente explorados pela ditadura e pela imprensa a ela alinhada, lançando-se os militares em uma operação de guerra contra os Waimiri-Atroari. O novo sertanista da Funai para "pacificar" os Waimiri-Atroari, Sebastião Amâncio, declarou à imprensa, em janeiro de 1975, que estava cansado da "guerra sem armas" da Funai, defendendo que "chegara a hora de usarem meios mais diretos, tais como dinamite, granadas, gás lacrimogêneo e rajadas de metralhadoras para dar aos índios 'uma demonstração de força de nossa civilização'" (Amâncio *apud* Valente, 2017, p. 127).

---

[69] O funcionário da Funai João Américo Peret destacou que "'os índios se ressentem da velocidade e da agressividade com às quais a estrada está sendo construída, mas, como não podem enfrentar as máquinas de terraplanagem, então vingam-se no pessoal da FUNAI'" (Peret *apud* Valente, 2017, p. 126). No mesmo sentido, o sertanista Orlando Villas Boas: "'Os Atroaris são como os outros índios. Eles repelem qualquer invasão de suas terras e protegem suas famílias. Matam porque é a única maneira de deter o homem branco'" (Villas Boas *apud* Valente, 2017, p. 126).

Dito e feito. O Exército, que utilizava o 6º Batalhão de Engenharia de Construção (BEC) para empreitar a BR-174, acionou então sua unidade treinada para "o combate contra revoltosos e rebeldes", o 1º Batalhão de Infantaria da Selva (BIS), que atuara na repressão à Guerrilha do Araguaia em 1974. O 1º BIS e o Centro de Instrução de Guerra na Selva lançaram, assim, "uma série de exercícios simulados de contraguerrilha", a chamada "Operação Atroaris", distribuindo panfletos com "o desenho de um homem, desarmado e caindo, prestes a ser atingido por um índio armado com um machado de pedra", conclamando eventuais guerrilheiros na área a se entregarem ao Exército, delatarem ou matarem seus companheiros em armas (Valente, 2017, p. 161). A Operação Atroaris serviu para impor o terrorismo militar nos canteiros de obra, mantendo-se os indígenas sob a ponta de fuzis automáticos. Houve também bombardeamento aéreo de napalm contra os indígenas que ousaram resistir à construção da BR-174. A Comissão Nacional da Verdade resgatou os depoimentos dos Waimiri-A-troari que "descrevem com clareza a repressão do Exército sobre os índios e as circunstâncias em que ela ocorreu" (CNV, 2014, p. 229), coletados pelo missionário e indigenista Egydio Schwade, fundador do Conselho Indigenista Missionário (Cimi), e sua esposa Doroty Schwade:[70]

> Kramna Mudî era uma aldeia Kiña que se localizava na margem oeste da BR-174, no baixo rio Alalaú [...]. No segundo semestre de 1974, Kramna Mudî acolhia o povo Kiña para sua festa tradicional. Já tinham chegado os visitantes do Camanaú e do baixo Alalaú. O pessoal das aldeias do norte ainda estava a caminho. A festa já estava começando com muita gente reunida. Pelo meio-dia, um ronco de avião ou helicóptero se aproximou. O pessoal saiu da maloca pra ver. A criançada estava toda no pátio para ver. O avião derramou um pó. Todos, menos um, foram atingidos e morreram [...]. Os alunos da aldeia Yawará forneceram uma relação de 33 parentes mortos neste massacre (CNV, 2014, p. 229).

---

[70] Em 2014, a jornalista Memélia Moreira corroborou o fato junto à Comissão Estadual da Verdade "Rubens Paiva" de São Paulo: "[...] quando a gente pegou um igapozinho para chegar até a aldeia, que aí o rio estreita, eu vi que tinha uma coisa não natural boiando, era assim, um... Não era bem um tubo, mas parecia, porque era metade, que era de napalm. E eu vi a marca, eu não sabia o que era napalm, eu conhecia a marca de um dos fabricantes de napalm, era Tordon. Eu vi que tinha Tordon, aí eu digo, espera aí, napalm... Aí eu digo, encosta mais naquilo ali, vai mais devagar, tira o motor, eu quero pegar aquele caco ali, era um caco. Peguei e botei na minha mochila e vim-me embora, não troquei uma palavra sobre o que eu achei, porque em 1974 a gente já sabia que eles tinham usado napalm no Vale do Ribeira, na Guerrilha do Araguaia, e nos Nhambiquaras" (Moreira *apud* Marques, 2023, p. 252).

Nota-se, aqui, que a denúncia do etnólogo sueco Lars Persson sobre o uso de napalm pelos militares contra indígenas — como visto, rechaçado pelo Relatório Danton Jobim (1970) como uma "história fantástica" — não era tão fantasiosa assim. A CNV, partindo de números constantes de decreto de 1971 da ditadura, calculou que "2650 waimiri-atroari morreram entre 1946 e 1988 por conta da incúria do Estado brasileiro" (Valente, 2017, p. 167), embora o jornalista Rubens Valente recalcule a cifra, pontuando que, provavelmente, "teriam morrido quase 40% da população waimiri-atroari, cerca de 240 indígenas" (Valente, 2017, p. 168). Todavia, como os militares ocultam os arquivos do massacre dos Waimiri-Atroari, a contabilidade do genocídio segue em aberto. O que é certo, porém, aflora com a velha pergunta: *cui bono?* Isto é, quem foi beneficiado pelo crime de genocídio dos Waimiri-Atroari e pela abertura da BR-174? A maior beneficiária desse processo genocidário foi a empresa Paranapanema, uma das construtoras da Transamazônica reconvertida em mineradora depois de expropriar, no início da década de 1970, o território dos Tenharim do Igarapé Preto, reduzido a uma *Company Town* minerária. Por meio de processos de corrupção e fraude cartográfica, no início da década de 1980 a Paranapanema e suas subsidiárias minerárias (Timbó e Taboca) avançaram sobre o território Waimiri-Atroari (Marques, 2023, p. 209).

Construíram ilegalmente uma estrada interligando a BR-154, em Presidente Figueiredo, ao maior depósito de cassiterita da empresa, a Mina do Pitinga, o que permitiu à *holding* atingir o valor de mercado de 2,595 bilhões de dólares em 1985 (Marques, 2023, p. 37). Porém, antes de converter-se na "joia da coroa" da Paranapanema/Taboca, a área do Pitinga estava localizada dentro da Reserva Indígena Waimiri-Atroari, conforme os parâmetros do Decreto n. 68.907, de 13 de julho de 1971. Então, como isso foi possível? Prosseguindo a estratégia do proprietário da Paranapanema, Octavio Lacombe Cavalcante, orientada à "conquista do espaço através da lei", isto é, "legalizar" a conquista/apropriação das áreas/territórios mineráveis.[71]

---

[71] O padre Egon Dionísio Heck, do Cimi, destacou: "A Paranapanema é uma grande empresa. Talvez seja uma das poucas do mundo que teve a coragem ou a esperteza de construir uma hidrelétrica em plena selva e para uso próprio. O Lacombe é o mais perigoso do que todo o restante dos mineradores. Ele é muito inteligente, é idôneo, tanto economicamente como empresarialmente. Tem uma frase lapidar, ou tumular, que espalhamos por toda parte, inclusive em nosso jornal: a frase é 'A CONQUISTA DO ESPAÇO PELA LEI'. Esse espaço é conquistado ao índio, logo significa sua destruição. Acho que não há muito mérito na conquista desse tipo de espaço, mas como ela é feita pela lei, acaba sendo legitimada aos olhos da sociedade não índia, mas não aos olhos da sociedade índia e da que a protege (Heck *in* Cimi, 1987, p. 25).

E como isso foi feito? Graças à "mão amiga" do último ditador, João Baptista de Oliveira Figueiredo, general que promulgou o Decreto n. 86.630, de 23 de novembro de 1981, interditando, "para fins de atração e pacificação", a Reserva Indígena Waimiri-Atroari, excluindo dela a área que se tornou a maior mina de cassiterita conquistada/"legalizada" do grupo Paranapanema/Taboca. O decreto retirou dos Waimiri-Atroari 526,8 mil hectares, "legalizando-se" mais esse esbulho de terras indígenas da Amazônia em benefício de uma empresa da mineração privada (Marques, 2023, p. 224).

Se o grupo Paranapanema/Taboca foi o maior beneficiário da abertura da Rodovia Manaus-Boa Vista e do genocídio Waimiri-Atroari perpetrado pelos militares, testemunhos indígenas recentes dão conta de que a abertura da Estrada do Pitinga — construída ilegal e exclusivamente pela empresa ligando a BR-174 à Mina do Pitinga —, também resultou no desaparecimento de subgrupos Waimiri-Atroari. Baseando-se nos relatos dos Waimiri-Atroari recolhidos pelos procuradores da República do MPF e do MPT, com assessoria da equipe de pesquisa integrada pelos autores deste capítulo, estamos diante de um holocausto (neo)colonial em menor escala, consumado no início da década de 1980. No entanto, ao contrário do genocídio perpetrado pelos militares do 1º Batalhão de Infantaria da Selva (BIS) contra os Waimiri-Atroari durante a construção da BR-174, o caso da Estrada do Pitinga revela um genocídio executado por empresa.

Militares e empresários da Perimetral Norte (BR-210): o genocídio Yanomami

Ao lado das rodovias Transamazônica (BR-320) e Manaus-Boa Vista (BR-174), a Perimetral Norte (BR-210), em Roraima, é um caso de articulação militar-empresarial tumular contra os povos indígenas da Amazônia. Os vitimados foram os Yanomami, integrados por

> [...] alguns dos grupos isolados mais numerosos do planeta, que falavam quatro línguas diferentes, preservavam seus hábitos alimentares e culturais e ocupavam uma extensa e montanhosa área, com mais de 9 milhões de hectares, que se estendia do Brasil à Venezuela (Valente, 2017, p. 178).

E as empreiteiras da BR-210 foram as mesmas que atuaram na BR-230, Camargo Corrêa, Paranapanema, Mendes Junior, Rabello, EIT e Queiroz Galvão (Campos, 2021, p. 73). Integrada ao PIN, a Perimetral Norte foi iniciada em 1973. Deveria ter 4 mil quilômetros e, se concluída, teria atravessado "toda a parte Norte da Amazônia, margeando as fronteiras de Suriname, Guiana, Venezuela, Colômbia e Peru" (Davis, 1978, p. 121). A rodovia foi iniciada sem prévia consulta à Funai e, como a Transamazônica, nunca foi concluída. O avanço das turmas de trabalho da empreiteira Camargo Correa, disseminando entre os indígenas gravíssimos surtos de doenças, foi o principal responsável pelo genocídio Yanomami.

> A região mais atingida pela obra da Perimetral foi o sul da área yanomami, em um trecho sob responsabilidade da empreiteira Camargo Corrêa e suas subcontratadas. Anos depois, a Funai reconheceu que as turmas de desmatamento entraram na área indígena 'sem qualquer controle de saúde'. O órgão oferecia 'cobertura' aos trabalhos da Camargo Corrêa (Valente, 2017, p. 181).

Aqui, também, uma grande empreiteira, associada aos militares da ditadura, foi responsável por mais um processo genocidário de indígenas da Amazônia. Em 1974, constataram-se casos de leishmaniose entre os trabalhadores da BR-210, especificamente nas dependências da construtora Camargo Correa. Em 1975, desenvolveu-se uma série "de aliciamento' de índias pelos trabalhadores da subcontratada da Camargo Corrêa" e "os operários atraíam as índias com o pretexto de 'dar-lhes presentes, mas na realidade com a intenção de seduzi-las'" (VALENTE, 2017, p. 182). A fotógrafa Claudia Andujar, no documentário *Povo da lua, povo de sangue* (1982), registrou a introdução de tabaco e álcool entre os Yanomami pelos operários da BR-210, ocasionando sua desestruturação socioprodutiva e étnico-cultural.[72] A própria Funai, em documento oficial, reconheceu o papel da empreiteira Camargo Correa no genocídio Yanomami:

---

[72] No documentário, "uma mulher moradora da região do Ajarani" afirmou: "Quando chegou a estrada, em 1974, eles [índios] fumaram, deram até de beber, e ficavam só andando. Aí não pararam mais, ficaram a vida toda nesse passeio deles que não tem fim'. Ela contou que os índios foram contaminados com curuba, o nome popular da escabiose ou sarna, uma doença de pele causada por um ácaro que provoca intermináveis coceiras que escarificam todo o corpo. O fato é confirmado em ofício enviado por Carlo Zacquini, da Missão Catrimani, à presidência da Funai. Os operários forneciam aos índios 'roupas usadas, víveres, cigarros e toda e qualquer coisa, inclusive bebidas alcoólicas'. 'Em consequência do uso de roupas usadas, os índios estão quase todos afetados por doenças de pele (micoses etc.)'. [...] 'Tenho visto crianças anêmicas, completamente magrinhas, que têm que passar por um período de dois meses sendo tratadas com bastante cuidado'" (Valente, 2017, p. 184–185).

> [...] ao longo dos primeiros cem quilômetros [da Perimetral Norte (BR-210)], 13 (treze) aldeias (malocas) são praticamente dizimadas, em decorrência do contato com as equipes da Construtora Camargo Corrêa, contratadas, em sua maior parte, sem qualquer controle de saúde. Os remanescentes estão hoje reduzidos a oito pequenos grupos familiares, famintos e doentes, dispersos nas imediações da estrada (Funai, 1980, p. 39).

Ao total, estimou-se que "89 ou 91 Yanomami [foram] eliminados em decorrência da estrada aberta pelo governo militar. Mas o número real de vítimas foi muito maior" (Valente, 2017, p. 187).[73] Tanto militares quanto empreiteiros da BR-210, ao se desresponsabilizarem de tomar qualquer medida sanitária preventiva, assumiram o risco de ocasionar o genocídio Yanomami, consumado. Os antropólogos Kenneth Iain Taylor e Alcida Rita Ramos documentaram esse *dolo eventual* do Estado brasileiro e de seus cúmplices econômicos,[74] embora o presidente da Funai, o general Ismarth Araújo de Oliveira, tenha preferido culpabilizar os próprios Yanomami quando declarou ao Congresso Nacional em 1977:

> Ninguém consegue segurar o índio numa determinada área. O índio tem liberdade para se locomover. Ele burla toda e qualquer vigilância para fazer qualquer contato que ele queira. Isso ocorre não só em áreas da Funai como também em áreas de missões religiosas (Oliveira *apud* Valente, 2017, p. 188).

Considerações finais

Concluímos, pois, esperando ter contribuído à particularização do modo como as rodovias Transamazônica/BR-230, Manaus-Boa Vista/BR-174 e Perimetral Norte/BR-210, integrantes da política econômica oficial da ditadura de 1964 a 1988, constituíram-se como *as estradas brasileiras para o etnogenocídio* dos povos indígenas amazônicos. *Integrar* a Amazônia brasileira como se fosse um "vazio demográfico", nosso "espaço vital" ou

---

[73] Para o período 1946–1988, a CNV definiu que morreram "no mínimo 354 Yanomami" (CNV, 2014, p. 254).

[74] "'Durante a administração Médici, a agência oficial para a proteção dos índios, a Funai, nada fez para prevenir ou minimizar os efeitos prejudiciais da construção da estrada. Nenhuma equipe foi enviada antes dos trabalhadores da rodovia para tentar uma campanha de vacinação que poderia proteger os índios de doenças letais como sarampo, coqueluche, tuberculose e a gripe comum, antes da chegada dos trabalhadores'" (Taylor; Ramos *apud* Valente, 2017, p. 188).

Lebensraum, como visto, implicou a *desintegração* dos povos indígenas da área, racializados como nossos *Untermensch*. Foi assim, como "povos inferiores" e subumanos, que os tupi-Kagwahiva Jiahui e Tenharim, os Waimiri-Atroari e os Yanomami foram tratados. Se é certo que os militares foram os principais responsáveis por esse processo de etnogenocídio, este capítulo lançou luz aos beneficiários e cúmplices empresariais dos megaprojetos de *integração* amazônica. Foram copartícipes e corresponsáveis pela *desintegração* etnogenocida em tela. A despeito dela, enfim, os povos indígenas da Amazônia recompuseram-se demograficamente, lutando e resistindo contra dinâmicas violadoras de direitos, expropriadoras de terras, saqueadoras de riquezas naturais e destruidoras de seus modos de ser e viver socioprodutivos e étnico-culturais. Desse passado de holocaustos (neo)coloniais que teima em recalcitrar na sociabilidade brasileira, é a resistência indígena o que mais deveria nos impressionar, inspirar e ensinar.

Referências

AGÊNCIA NACIONAL. *A Transamazônica (1970)*. Documentário da Agência Nacional, Arquivo Nacional, BR_RJANRIO_EH_0_FIL_DCT_0092_0001.

BROOKS, Edwin. The brazilian road to etnicide. *Contemporary Review*, v. 224, n. 1.300, maio 1974.

CABRAL, Umberlândia; GOMES, Irene. *Brasil tem 1,7 milhão de indígenas e mais da metade deles vive na Amazônia Legal*. Agência IBGE Notícias, Instituto Brasileiro de Geografia e Estatística. 7 ago. 2023.

CAMPOS, Pedro Henrique Pedreira. As empreiteiras e a rodovia Transamazônica: interesses econômicos e impactos sociais de um grande projeto da ditadura brasileira. *Cadernos do CEOM*, Chapecó (SC), v. 34, n. 55, p. 67-82, dez. 2021.

COMISSÃO DA MEMÓRIA E VERDADE DA UNIVERSIDADE FEDERAL DO RIO DE JANEIRO (CMV-UFRJ). *Incontáveis*. Episódio 6: Povos indígenas na ditadura. 17 mar. 2022. Disponível em: https://www.youtube.com/watch?v=jHrJUBMeT_U. Acesso em: 15 ago. 2024.

COMISSÃO NACIONAL DA VERDADE. *Relatório*: textos temáticos. Violações de direitos humanos dos povos indígenas. Volume II. Texto 5. Brasília: CNV, 2014.

CONSELHO INDIGENISTA MISSIONÁRIO (CIMI). *Digesto de reunião informal, entre componentes do CIMI, CNBB, CEDI e Biblioteca do Desenvolvimento Econômico.* Brasília, Distrito Federal, 13 out. 1987.

CUNHA, Manuela Carneiro da. Índios no Brasil: história, direitos e cidadania. São Paulo: Claro Enigma, 2012.

DAVIS, Shelton H. *Vítimas do milagre*: o desenvolvimento e os índios do Brasil. Rio de Janeiro: Zahar, 1978.

FUNDAÇÃO NACIONAL DO ÍNDIO (FUNAI). *Parque Indígena Yanomami*: Proposta de Criação e Justificativas, mar. 1980. Processo Funai n. 2192/84. Nudoc-DPT-Funai.

HEMMING, John. Os índios no Brasil em 1500. *In*: BETHELL, Leslie (org.). *História da América Latina*. v. I: América Latina Colonial. Tradução de Maria Clara Cescato. São Paulo: Editora da Universidade de São Paulo; DF: Fundação Alexandre Gusmão, 1997.

HEMMING, John. *Ouro vermelho*: a conquista dos índios brasileiros. Tradução de Carlos Eugênio Marcondes de Moura. São Paulo: Editora da Universidade de São Paulo, 2007.

JOBIM, Danton. *O problema do índio e a acusação de genocídio*. Conselho de Defesa dos Direitos da Pessoa Humana (CDDPH), Boletim n. 2, 1970. Brasília: Ministério da Justiça.

MACHADO, Rodolfo Costa. *Alfredo Buzaid e a contrarrevolução burguesa de 1964*: crítica histórico-imanente da ideologia do direito, da política e do estado de justiça. Dissertação. Programa de Pós-Graduação em História, Pontifícia Universidade Católica de São Paulo. São Paulo, 2015.

MARQUES, Gilberto de Souza. *Amazônia*: riqueza, degradação e saque. São Paulo: Expressão Popular, 2019.

MARQUES, Gilberto de Souza *et al. Equipe de investigação sobre a Paranapanema S/A Mineração, Indústria e Comércio.* Relatório Final. São Paulo: UNIFESP, 2023.

MARTINS, José de Souza. *Fronteira*: a degradação do Outro nos confins do humano. São Paulo: Editora Hucitec, 1997.

PEREIRA, Flávio de Leão Bastos. *Genocídio indígena no Brasil*: o desenvolvimento entre 1964 e 1985. Curitiba: Juruá, 2018.

REALE, Miguel. *Problemas institucionais do Estado contemporâneo*. Arquivos do Ministério da Justiça, v. 29, n. 124, 1972. Rio de Janeiro.

SANTOS, Adriana Gomes. *Controle e repressão aos Waimiri-Atroari na fronteira Amazonas-Roraima no período da ditadura brasileira (1964-1985)*: uma faceta da parceria entre Estado e o mundo empresarial (Paranapanema-Sacopã). Tese. Programa de Pós-Graduação em História, Pontifícia Universidade Católica de São Paulo. São Paulo, 2021.

TODOROV, Tzvetan. *A conquista da América*: a questão do Outro. Tradução de Beatriz Perrone-Moisés. 5. ed. São Paulo: Editora WMF Martins Fontes, 2019.

VALENTE, Rubens. *Os fuzis e as flechas*: história de sangue e resistência indígena na ditadura. São Paulo: Companhia das Letras, 2017.

CAPÍTULO 7

REVISTA *CHICLETE COM BANANA*: EXPRESSÕES DA CONTRACULTURA E EMBATES POLÍTICO-CULTURAIS NA REDEMOCRATIZAÇÃO BRASILEIRA

Iberê Moreno Rosário e Barros
Carla Reis Longhi

Introdução

Propomos neste capítulo a reflexão sobre as relações de poder no âmbito cultural no contexto da redemocratização, através da análise da primeira edição da revista *Chiclete com Banana*, publicada bimestralmente entre os anos de 1985 e de 1990. A produção se mostrou um interessante resultado político-cultural por se tornar, ao mesmo tempo, sintoma e agente desse período político ímpar na sociedade brasileira. Através dela conseguimos vislumbrar aspectos das mudanças e das permanências políticas brasileiras, expostas nas representações construídas pela revista, bem como as dicotomias do próprio projeto editorial da revista identificado, por um lado, como uma das arenas da contracultura brasileira e como agente de oposição na disputa hegemônica e, por outro, como um campo de humor descomprometido e despolitizado.

Propomos, assim, analisar a revista em seu projeto editorial, considerando sua linguagem e construção de sentidos. Vale lembrar que nos anos 1980 houve a popularização das fotocopiadoras, que, por sua vez, gerou um aumento na produção de fanzines, compondo linguagens híbridas, pautadas por diferentes movimentos sociais, que visavam romper padrões, pensando com o corpo, com o tom da voz, com as sensações e com os sentimentos. Entre esses movimentos estavam o Punk e o Hip Hop, articulando a juventude urbana, permeada pelas novas tecnologias, numa nova relação com a cultura e com a cultura política. Esses movimentos, transformados pelas novas linguagens, dialogavam entre si, o que é muito visível na *Chiclete com Banana*.

Mergulhando no cotidiano

Tomando como base a proposição de cotidiano apresentada por Michel de Certeau, apontamos para a construção da relação dos comportamentos como ações de resistência e de fazer político. Toninho Mendes, editor-chefe e proprietário da Circo Editorial, afirma nos áudios da entrevista a Gonçalo Júnior, reproduzida na série *São Paulo meu humor*, que "A circo editorial é a história de uma equipe e de uma época" (*apud* Urizzi, 2019).

Conforme Michel de Certeau propõe em *A invenção do cotidiano*, as construções culturais se cercam de complexos entre o individual e a coletividade. Para compreender tais conexões, devemos retornar ao nível mais primordial, às relações sociais mais fundamentais, mais cotidianas. É necessário observar como um indivíduo e seu grupo se relacionam e, a partir disso, criar os termos e categorias analíticas. Logo, devemos buscar as reincidências de rupturas no cotidiano dos indivíduos que, mesmo sendo diferentes entre si, remontam ao mesmo fundo arcaico e ao mesmo objetivo que enquadram o contexto cultural em que se assenta a narrativa.

As rupturas, de acordo com o pensador francês, são resistências que os dominados de um sistema hegemônico realizam, como maneira de questionar essa lógica de opressão. Essas resistências são pequenas ações que fogem do padrão esperado e, consequentemente, deturpam a lógica sistêmica. É nesse lugar que é produzida e pensada a *Chiclete com Banana*, tomando os conhecimentos acumulados por toda a equipe da Circo Editorial. Dada a ausência de espaços para uma manifestação livre, uma revista em quadrinhos, apontada até então como um espaço infantil de produção, pode permitir que haja uma manifestação política comportamental muito mais intensa e muito mais complexa.

Nesse caminho, o fato de Toninho Mendes ter atuado em revistas, como a própria *Movimento*, uma das publicações de maior impacto em toda a produção alternativa de resistência à ditadura, nos permite compreender que a revista tem, sim, um papel político, mas esse papel é apresentado através do seu modelo de produção e, principalmente, através do embate com as visões comportamentais do período. É um embate estético e poético, tanto sobre a produção de sentido como sobre a percepção. Não à toa o Punk, o Hip Hop e a *Chiclete com Banana* (*CcB*) são agressivos com quem consome a produção. É nesse cenário que nos aprofundamos não apenas no debate contextual da própria produção artística e editorial da revista, mas na discussão e na sobreposição da ocupação dos espaços com as compreensões do próprio comportamento.

Como afirma o próprio Angeli, de maneira indireta: observar a revista *Chiclete com Banana* é observar alguém atuando de uma maneira *Punk*. O maior lema do movimento é o "faça você mesmo", e é exatamente isso que a revista representa. Por mais que o tipo musical escutado tanto por Robert Crumb como por Angeli sejam estilos musicais mais ligados ao *Folk* Americano e ao *Blues*, os comportamentos dos quadrinistas sempre foram muito mais parecidos com as proposições do *Punk*.

Isso ocorre pelo distanciamento etário, porém eles acabam se tornando a grande ponte de conexão entre a geração *Beat* e o movimento *Punk*. Essa construção pode ser compreendida, inclusive, pelo fato de que ambos os autores escolheram representações caricatas do *New Age* (Mr. Natural e Rhalah Rikota) como uma de suas piadas favoritas, em um questionamento sobre a visão de que um comportamento rebelde seria um comportamento ligado a manifestações religiosas orientais.

Além disso, ambos os autores vão apontar, em suas produções, um comportamento libertino, mostrando quão comum é, na sociedade, o uso de drogas e álcool, bem como a prática sexual. Os próprios autores afirmam adotar muito de uma postura de vida nesse caminho. Com certeza sem a radicalidade de seus personagens, mas mantendo essa relativa admiração com quem pode levar à frente essas proposições. Ambos os autores querem escandalizar, chocar, gerar o incômodo. Assim como *Punks*, mostrar um lado agressivo e inesperado como recurso de revirar as sensações mais primitivas e assim romper o caráter monótono do cotidiano.

A linearidade do cotidiano se encerra nas suas próprias rupturas, de maneira que só há constância onde há essa mudança. Um questionamento do dominado ao dominador, mesmo que de maneira silenciosa e subjetiva. Ou seja, o tipo de humor tratado na revista usa dessa ruptura como chave; sendo assim, nem sempre é algo risível, podendo ser nojento, angustiante, amedrontador etc. Não há, entretanto, uma ação única que rompe de vez com toda a estrutura, mas são diversas e múltiplas as movimentações que vão corroendo as estruturas, fazendo com que as relações se alterem. A mudança no *status quo* é lenta e progressiva.

Retomando, assim: com o pretexto de ser "apenas um gibi", ou seja, apenas uma revista juvenil de algum nível de humor, a *CcB* cumpre seu papel de poética do cotidiano. Além de uma narrativa dos fatos e do modo como são assimilados pelo autor, a produção reitera a crítica e o questionamento ao *status quo*. Porém, ao fazer essas transgressões, o desenho se resguarda no fato de não poder ser levado a sério, o oposto de como são as notícias políticas. Certeau pode nos ajudar nesse ponto, quando trata da poética que ocorre por quem consome e fabrica algo desse processo:

> A "fabricação" que se quer detectar é uma produção, uma poética — mas escondida, porque ela se dissemina nas regiões definidas e ocupadas pelos sistemas da "produção" (televisiva, urbanística, comercial etc) e porque a extensão sempre mais totalitária desses sistemas não deixa aos "consumidores" um lugar onde possam marcar o que *fazem* com os produtos. A uma produção racionalizada, expansionista além de centralizada, barulhenta e espetacular, corresponde *outra* produção, qualificada de "consumo": esta é astuciosa, é dispersa, mas ao mesmo tempo ela se insinua ubiquamente, silenciosamente e quase invisível, pois não se faz notar com produtos próprios, mas nas *maneiras de empregar* os produtos impostos por uma ordem econômica dominante. (Certeau, 2013).

A *CcB* é, portanto, um rompimento do cotidiano, no sentido proposto por Michel de Certeau. Para adentrar a leitura, é importante determinarmos alguns parâmetros. Dessa forma, buscando uma observação holística da questão, parte-se da provocação, citada a seguir, de Roger Chartier sobre a leitura do texto, para entender as complexidades do processo de compreensão e produção de sentido da narrativa que, no presente caso, surge da articulação entre a linguagem verbal escrita e a linguagem visual das imagens, presente também nos grafismos e tipologia das letras.

> Deveríamos colocar no centro de tal história [da leitura] o texto oferecido à leitura ou o leitor que o lê? Na verdade, o leitor é sempre visto pelo autor (ou pelo crítico) como necessariamente sujeito a um único significado, a uma interpretação correta e a uma leitura autorizada. Segundo essa concepção, compreender a leitura seria, sobretudo, identificar as combinações discursivas que a constrangem, impondo-lhe uma significação intrínseca e independente de qualquer decifração. Contudo, ao postularmos desse modo a absoluta eficácia do texto em ditar tiranicamente o significado da obra ao leitor, não estaremos na verdade, negando toda a autonomia do ato de ler? Este último é virtualmente absorvido e invalidado,

> tanto nas convenções explícitas quanto nos mecanismos implícitos que têm por finalidade regulamentá-lo ou controlá-lo. Assim, vê-se a leitura como algo inscrito no texto, como um efeito automaticamente produzido pela própria estratégia específica da obra ou de seu gênero. (Chartier, 2002, p. 211-238).

Uma linguagem, dessa forma, é fruto não apenas da sua produção, mas também da sua fruição, da experiência do leitor. Algo que de maneira intuitiva Angeli compreende, e usando de um posicionamento crítico e ácido passa a escrever.

Folheando a *Chiclete com Banana*

Tomando a primeira edição como guia, é possível perceber muitas das suas intenções e, inclusive, a necessidade de apresentar ao público o que seria aquele produto. Diferente de outros lançamentos, ainda mais de um material feito de maneira barata, a *CcB* foi esperada e celebrada logo de início. Por isso é possível encontrar cartas e comentários já na primeira edição.

Como é possível observar, e indicar como padrão também nas demais edições, a capa conta com um grande desenho que referencia o material produzido, entretanto, não reproduz diretamente o conteúdo interno, servindo quase como um cartaz de um filme, assim como ocorrem nas edições de HQs americanas. Nessa edição, encontra-se Rê Bordosa na capa, em sua banheira, afinal, dado o sucesso que a personagem já havia angariado através das tiras de jornal, a escolha tornara-se clara.

Analisando um dos vocativos que o próprio criador da Rê Bordosa, e posterior assassino dela,[75] cunhou para a personagem, "Porralôca", podemos compreender a visão que ele tinha sobre sua criatura. Uma representação de um estilo de vida que florescia naquele momento, a personagem não era referenciada em nenhuma figura em específico, mas congregava leituras e anedotas que o autor e seus amigos faziam de suas próprias amigas e companheiras, nesse modo de vida libertino. Quando a personagem ganhou voz, quem a interpretou foi Rita Lee, e a própria cantora sempre brincava de que ela era a inspiração.

---

[75] A morte da Rê Bordosa foi um arco narrativo que Angeli sustentou ao longo do ano de 1987 e resultou em obras próprias e questionamentos até os dias hodiernos sobre essa ação. Tanto que após o "assassinato" o quadrinista passou a se apresentar como "Angeli, o Matador".

Por isso adota-se a ideia de interpretação a partir da perspectiva de Laan Barros (2017a, p. 170), ao afirmar que "a interpretação implica no exercício de apropriação e de socialização da produção de sentidos, que ganha, então uma dimensão coletiva e cultural". Ou seja, utilizar uma de suas principais personagens logo na capa foi um modo de abrir esse diálogo próprio com seu público. Para Laan, "o espectador projeta na obra seu horizonte de expectativas, busca se reconhecer nela, num movimento de compreensão". Mais do que a mera decodificação, portanto, ao leitor importa compreender os sentidos da mensagem com a qual ele estabelece uma relação de interação. No caso da revista há, inclusive, a identificação, tanto dos participantes dos movimentos contraculturais quanto da juventude que buscava uma nova referência. Como nos sugere Barros (2017b, p. 127-128), essa compreensão se dá "na relação entre a imagem e o leitor" e é marcada "por sensibilidades que se desdobram em outras interações do sujeito interpretante com seus pares de convivência, comunidades de apropriação e, de maneira mais ampla, com a sociedade da qual ele faz parte".

Ainda na capa é possível ver a chamada para o segundo personagem de destaque da revista: Bob Cuspe. Ele, junto com a Rê Bordosa, forma as duas peças centrais do trabalho de Angeli. Enquanto a personagem feminina era usada principalmente para criticar a moralidade e os costumes sexuais e de foro íntimo, o *anarcopunk* apresenta diretamente a visão política do autor. Como ele mesmo afirma na entrevista para a revista *Trip*:

> Quando fiz o Bob Cuspe, era pra gozar os punks. Comprei o livro do Bivar pra me embasar, aí comecei a achar do caralho. Falei: "Sou da Casa Verde [*bairro classe média baixa da zona norte de São Paulo*], do lado do rio Tietê, que é o cu da cidade, saindo um monte de merda... isso é punk" (Luna, 2010).

Essa leitura de realidade, muito conectada ao cenário artístico, principalmente musical, é ponto reincidente na revista, inclusive sendo fonte para a pesquisa *Rock e quadrinhos nas páginas da revista Chiclete com Banana (1985-1990)*, de Rodrigo Otávio dos Santos. Afinal, logo na primeira edição, na contracapa, é possível encontrar essa relação.

Figura 1 – Contracapa 1ª Edição — out/1985

Fonte: *Chiclete com Banana* (out. 1985)

Nessa imagem encontram-se duas características marcantes da revista: o uso dos "tipinhos" e a referência direta/indireta ao cenário musical contemporâneo. O conceito de "tipinhos" é apresentado pelo próprio autor, que chega a fazer edições especiais intituladas "Tipinhos inúteis". A partir da leitura das revistas e de falas do próprio autor, apesar de não haver a afirmação direta, é possível dizer que o conceito se refere a estereótipos da sociedade, fazendo com que haja comicidade e incômodo, dado que o leitor também aparece como alvo das sátiras.

Os oito tipos que vemos mostram algumas compreensões que Angeli traz da própria sociedade e de como é possível satirizar todas as condições e situações. Fala das movimentações político-partidárias; do sofrimento dos bancários dadas as constantes mudanças e novos planos econômicos; dos casos de corrupção e escândalos financeiros; das rebeliões nos presídios; da alta do desemprego; dos movimentos sindicais; da repressão do Estado; da questão dos menores infratores.

Como é apresentado no recorte anterior, os políticos de oposição que ele apoia, dado que é contrário à ditadura, também são alvo de suas críticas, pois, por não terem uma postura mais radical, são tratados como fracos e vendidos para as propostas do sistema capitalista. Tomando essa leitura, é possível afirmar que, para Angeli, seriam necessárias posturas mais radicais, com maior enfrentamento não apenas da política vigente, mas da ordem internacional.

Da mesma forma que critica a postura branda dos políticos institucionalizados, critica a centralidade dos movimentos sindicais em uma única figura. De certa forma, Angeli já está prenunciando o que seria visto anos depois com a idolatria de muitos militantes a Luiz Inácio Lula da Silva. Para Angeli, essa convergência do movimento em um único líder, tomado como mito, vai de encontro à sua crença na liberdade e iniciativa do indivíduo e à busca por uma anarquia enquanto dinâmica política.

As duas imagens finais são notáveis para se observar o cotidiano mais próximo da atuação política. Se de um lado estão os policiais com uma função coercitiva clara, tendo na legenda a demonstração da sua agressividade quando comparada com bandas de *Heavy Metal*, do outro temos uma das maiores mazelas da sociedade, ou seja, os menores infratores. Em ambos os casos vemos que Angeli entende que o Estado age de forma errada: com os policiais, por tornar esses indivíduos máquinas de coerção; com as crianças moradoras de rua, por não oferecer apoio, mas sim opressão.

Essa estrutura narrativa é uma das reincidentes na revista e principalmente nesse volume inaugural. Assim como ele acaba por demonstrar como funcionam os "tipinhos", a primeira edição segue sendo um dos referenciais de como se deu a publicação ao longo do tempo. Na sequência da contracapa encontramos o editorial. Abertamente criticando as produções de HQs e a cultura daquele período, Angeli produz um texto que se assemelha mais aos moldes de um manifesto *Beat*, em uma *spoken word poetry*, do que a um editorial de uma revista juvenil.

Figura 2 – Editorial da 1ª edição — out/85

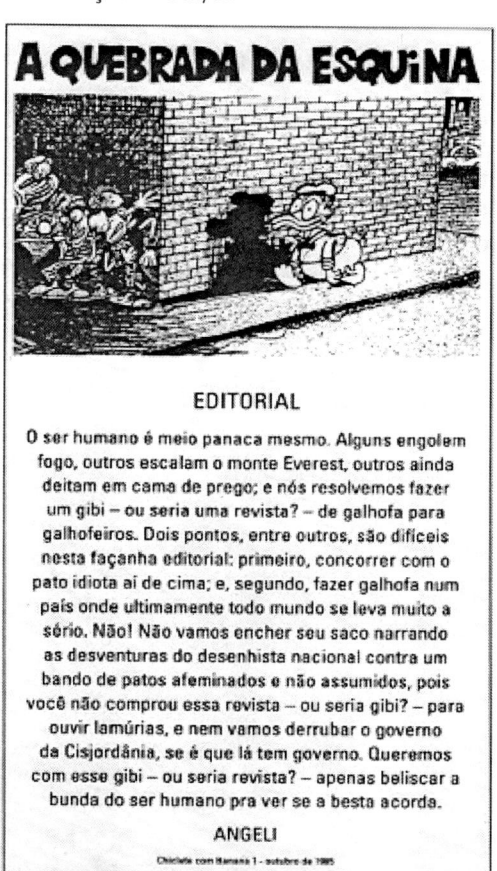

Fonte: *Chiclete com Banana* (out. 1985)

O tom agressivo, mas ao mesmo tempo relaxado e jocoso, mostra que a seriedade da produção é grande, mas que não haveria, nela, qualquer ortodoxia ou sisudez. Isso se assemelha às posturas do hebdomadário *Charlie Hebdo*, de uma esquerda não alinhada e de um radicalismo total em que tudo pode, deve e será criticado. Essa influência se torna escancarada já na terceira edição, quando os autores e editores da revista fazem uma viagem à França e acabam conhecendo pessoalmente seus referenciais.

Logo no início do texto, Angeli já aponta sua insatisfação total com todos os indivíduos, assemelhando-se muito aos discursos de suas influências (Wolinski e Crumb), que sempre carregaram uma relativa antipatia e antissociabilidade que em termos populares poderiam ser chamados de rabugentos. Essa frase inicial — "O ser humano é meio panaca mesmo" — ainda ajuda a entender que ninguém sairá ileso das críticas, nem mesmo os amigos e aliados do quadrinista.

Na sequência, o texto já satiriza o próprio trabalho do autor, chamando-o de "galhofa", uma gíria que remete a algo feito de maneira jocosa e tosca. Isso se reflete na escolha editorial de usar um papel-jornal de baixa qualidade e uma impressão simples, dado que os trabalhos são impressos no interior da revista exclusivamente em preto e branco. Mesmo com esses movimentos, as críticas sobre os preços da revista são constantes na seção de cartas, o que ajuda a compreender a inflação e uma das justificativas para o fim da revista e da própria editora.

Na mesma toada, o editorial já aponta para os dois caminhos que não seguirá, ou seja, através da negação de outros modelos, indica, mas esconde, a sua proposição, construindo uma metalinguagem com a própria linguagem das HQs, que mostra as imagens, mas esconde o movimento. Ao invés de uma afirmação, a revista se define por uma negação, fazendo com que a sua construção seja feita sem as determinações de uma linha rígida ou mesmo de uma visão ideológico-política. A única determinação que se tem clara, com o editorial, é justamente de que tudo pode, deve, e será motivo de piada na publicação.

De um lado, o texto informa que as HQs infantis americanas não são o interesse da revista, mostrando que as produções da Disney seriam materiais "idiotas". Isso abre espaço para a compreensão de que o autor não enxerga nessa produção uma reflexão crítica ou mesmo um debate propositivo, mas sim uma reafirmação dos interesses da ordem. Do outro lado, critica os produtores de HQs que entendiam apenas sob a égide da produção militante um caminho de debate político. Essa posição que deixa os dois flancos, a direita e a esquerda, sob ameaça coloca a produção e o próprio autor em uma situação distinta, mas ao mesmo tempo frágil.

Dessa forma, tomando o pensamento de Canclini:

> Em processos revolucionários com ampla participação popular, os ritos multitudinários e as construções monumentais expressam o impulso histórico de movimentos de massa. São parte da disputa por uma nova cultura visual em meio à obstinada persistência de signos da velha ordem, tal como aconteceu com o primeiro muralismo pós-revolucionário mexicano, com a arte gráfica russa dos anos 20 e cubana dos anos 60. Mas quando o novo movimento se torna sistema, os projetos de transformação seguem mais a rota do planejamento burocrático que a da mobilização participativa. Quando a organização social se estabiliza, a ritualidade se esclerosa. (Canclini, 2008, p. 291).

Da mesma forma que o pensador argentino questiona os usos dos espaços públicos e suas monumentalizações, vemos o mesmo processo com a revista e com as movimentações sociais da redemocratização. A *Chiclete com Banana* tentou manter a proposta de formação crítica, tanto que foi a produção de maior impacto de um espaço midiático de mobilização e diálogo de grupos contraculturais, majoritariamente jovens. Assim como já existiam produções como a *Mad* ou mesmo as revistas eróticas.

Assim que a Constituição se instaura e temos as primeiras eleições diretas, produções como a *Chiclete com Banana*, que dialogavam com as construções possíveis do Brasil e se alimentavam da confrontação do *status quo*, vão se esvaindo. Pouco a pouco elas dão espaço para a manifestação burocratizada, passa-se a depositar todas as aspirações de cidadania na Constituição. Como houve, de fato, uma participação direta e importante de representantes dos diferentes movimentos sociais, criou-se uma ideia de que estariam asseguradas todas as pautas desses movimentos no desenrolar democrático. O cidadão desocupa o espaço público para que as leis sejam cidadãs. Uma constituição cidadã como que mata a cidadania que acabara de nascer, pois o modo como foram construídas as novas estruturas políticas criou canais de representação que desmobilizaram os movimentos de rua.

Conforme analisa Nestor Garcia Canclini, nos anos 1980 vemos um arrefecimento dos movimentos sociais em continuidade a um fortalecimento das instituições políticas oficiais:

> Isso está acabando. De um lado, devido às mudanças na encenação da política: refiro-me à mistura de burocratização e "midiatização". As massas, convocadas até os anos 60 para expressar-se nas ruas e formar sindicatos, foram sendo subordinadas em muitos casos a cúpulas burocráticas.

> A última década [1980] apresenta frequentes caricaturas
> desse movimento: as lideranças populistas sem cresci-
> mento econômico, sem excedente para distribuir, acabam
> superadas por uma mistura perversa de reestruturação e
> recessão, assinando pactos trágicos com os especuladores
> da economia. [...] O uso massivo da cidade para a teatraliza-
> ção política se reduz; as medidas econômicas e os pedidos
> de colaboração ao povo são anunciados pela televisão. As
> passeatas, os atos nas ruas e praças são ocasionais ou têm
> menor eficácia. (Canclini, 2008, p. 287).

A revista acaba sendo essa praça pública de ruptura, uma *ágora* para uma juventude que chega às ruas em uma realidade que não era conhecida. Se as mobilizações de massa decaem, inclusive com enfraquecimento das lideranças populares, crescem as institucionalidades políticas. O que era um sonho de um Brasil de liberdade começa a ser tratado pela revista como um Brasil moralista e que não enfrentará os reais problemas. Já havia o anúncio da morte dessa nova democracia.

Continuando o texto do editorial, encontramos em seu encerramento uma frase que pode ser entendida como a declaração de intenções de Angeli: "Queremos com esse gibi — ou seria revista? — apenas beliscar a bunda do ser humano para ver se a besta acorda". A busca da revista é, portanto, fazer com que todo e qualquer tema traga uma reflexão que, ao mesmo tempo, cause o incômodo e o humor. Assim, ele se propõe a tirar o leitor de sua zona de conforto e de sua passividade. Portanto, não apenas nas sensações positivas e alegres, mas também através do nojo, da estranheza e do ódio, Angeli buscou ao longo da publicação que houvesse um espaço verdadeiramente livre para todas as posições progressistas, fazendo com que apenas a restrição da liberdade e o conservadorismo moral fossem seus verdadeiros opositores.

A revista número 1 segue para sua primeira seção, que é uma história mais longa que narra a candidatura de Bob Cuspe. Uma vez que cada capítulo tem sua própria apresentação, a seção conta com a sua versão, nesse caso, em especial, vemos uma verossimilhança com um "santinho" de um político. É importante contextualizar essa escolha: as discussões sobre as eleições ainda estão fervilhando, de forma que um progressista como Angeli não deixaria de comentar sobre o tema. A escolha justamente de Bob Cuspe, indo ao encontro e de encontro com o debate mostra como, para o autor, o processo já está viciado e determinado por forças maiores do que a busca democrática, encaixotado pelo conservadorismo moral que era hegemônico.

Com os reordenamentos institucionais resultantes do processo de redemocratização, as pressões políticas foram apaziguadas e transformadas em Estado. De uma maneira quase irônica a arte foi transformada pelos agentes políticos. Ou seja, não se esperava uma reflexão autônoma, mas uma tomada de posição e declaração de apoio aos líderes escolhidos para as causas majoritárias. Isso esvaziou o papel da revista e da comunidade construída ao seu redor. Conforme relata Angeli:

> Falavam que meu trabalho servia à direita, por eu não tomar partido [da esquerda]. Nunca quis servir ninguém. Ainda trabalhava na redação da Folha, quando perdi a paciência e fui pra cima de um cartunista que era o radicalzinho em pessoa. Foi vidro de guache estourado na parede, tinta nanquim no chão... A turma do deixa-disso separou, inclusive o Boris Casoy [ex-diretor de redação do jornal] (Luna, 2010).

Não há, portanto, dúvidas de que a editora nasceu fadada a ser morta, não porque sua proposição estivesse errada, mas porque seu ímpeto era centrado no próprio processo. Os artistas do grupo até hoje atuam nos grandes jornais e em outras publicações mais ou menos subordinadas às dinâmicas do mercado. Toninho Mendes, até a sua morte, manteve sua verve de crítico e questionador dos comportamentos e da moralidade. Mas isso, de certa forma, foi normalizado e transformado em consumo.

Essa "domesticação" de manifestações culturais rebeldes e de postura crítica também se deu noutros âmbitos, como no caso da música. Foi o caso, por exemplo, de João Gordo, considerado um dos mais importantes nomes do Punk Brasileiro nos anos 1990, que se torna apresentador da *MTV*, canal de propriedade da Editora Abril. Com isso, o *Punk* foi pouco a pouco empurrado para duas extremidades: ou se tornou algo tão reduzido que é apenas produzido e consumido por uma tribo urbana reclusa; ou se desdobrou no *Hardcore* e no *Emocore* para ser consumido massivamente, culminando em grupos como Charlie Brown Júnior e COM-22. Com García Canclini vale observar que:

> No movimento da cidade, os interesses mercantis cruzam-se com os históricos, estéticos e comunicacionais. As lutas semânticas para neutralizar, perturbar a mensagem dos outros ou mudar seu significado, e subordinar os demais à própria lógica, são encenações dos conflitos entre as forças sociais: entre o mercado, a história, o Estado, a publicidade e a luta popular para sobreviver. (Canclini, 2008, p. 301).

Chama a atenção o fato de que o personagem está em uma postura feliz e positiva, inclusive com o punho levantado, em uma postura vitoriosa, algo raramente retratado, uma vez que o personagem é desgostoso e frustrado com a realidade. A imagem remete, dessa forma, à hipocrisia dos candidatos, e à própria ironia da escolha de um *anarcopunk* como candidato.

Figura 3 – 1ª Edição, página 5 — out/85

Fonte: *Chiclete com Banana* (out. 1985)

O *slogan* de campanha "Escarra Brasil" pode ser entendido como uma provocação frente ao ufanismo que, desde a Copa do Mundo de 1970, no México, foi sintetizado com o slogan "Pra frente, Brasil!". Da mesma forma, a escolha do nome do partido fictício também ironiza a política, mas em seu espectro oposto. A partir do uso da sigla PCB, que originalmente se refere ao Partido Comunista Brasileiro, Angeli distorce e apresenta como "Partido do Chiclete com Banana", deixando claro, mais uma vez, a tensão e a crítica aos modelos políticos como um todo, não apenas a um lado.

A página seguinte se assemelha, seguindo a mesma lógica da anterior, a um verso de um "santinho", de um candidato, no qual é possível encontrar o manifesto do candidato ou uma carta de intenções. O texto conclama, justamente, que apenas uma escolha completamente radical poderia trazer concretas mudanças para a sociedade. Sem uma ruptura que aconteça no mundo, como um todo, não haveria como repensar a moralidade e a sociabilidade.

O texto referencia como guru intelectual justamente Bob Dylan, a principal inspiração musical constantemente citada por Angeli. O músico é parte dos movimentos contraculturais americanos dos quais inclusive Robert Crumb faz parte. Em uma busca mais centrada em uma autocompreensão, a preocupação do movimento é muito mais repensar o "eu" no mundo do que adotar uma ideologia única. Não haveria, portanto, a preocupação do alinhamento com uma postura comunista ou não, mas sim uma inquietação quase metafísica. É nesse eixo que se torna possível encontrar a aproximação do movimento com religiões e filosofias orientais como o budismo, assim como um retorno a filosofias existencialistas e naturalistas.

Figura 4 – 1ª Edição, página 6 — out/85

Fonte: *Chiclete com Banana* (out. 1985)

A música diretamente citada é de suma importância nesta análise, uma vez que a canção em si é uma lamúria sobre a estática social. De acordo com pesquisadores e críticos musicais, a canção é uma provocação a uma jovem, *Miss Lonely*, que teria vivido uma vida de bonança e escolhas simples, sem nunca ter dado sentido à sua vida. Porém, ao contrário da sua expectativa, ela acaba perdendo esse dinheiro e não tem mais condições de manter a estrutura e as escolhas que vinha fazendo.

A resposta do cantor/interlocutor é justamente que ela deve se mover, deve se desafiar, para se tornar plena. A referência é justamente de que "pedras paradas criam mofo", uma expressão popular americana que aponta exatamente essa necessidade constante de se desafiar e de mudar, dialogando com uma questão existencialista, com a postura política e social e, logo, com o comportamento das pessoas. Não haveria como aceitar a não liberdade e a não paz, debate que pode ser plasmado pelo contexto de oposição à Guerra do Vietnã.

Angeli, imbuído desse espírito dessa canção, usa-a como referência para mostrar como o povo brasileiro deveria dialogar com o processo da nova república. Seguindo a mesma angústia que guiara as sensações de Bob Dylan, o quadrinista já abre o texto com uma frase dura, até de certa forma com traços de um jargão, mas que atrai a concordância com todos os progressistas: "O mundo precisa mudar". É oportuno notar que, apesar de ter apresentado seu personagem na página anterior como candidato a prefeito, o autor já escalona o debate para o âmbito global.

A narrativa usa justamente dessa transversalidade espacial para justificar que a mudança deve ocorrer na raiz da sociedade, na nossa própria compreensão humana, tanto que sua declaração é amarrada, ao final, com a citação direta ao compositor americano. Isso ajuda a mostrar como a intencionalidade do autor não é se restringir em uma política institucionalizada, mas avançar sobre o comportamento humano, algo que remete, portanto, ao repensar das relações. Essa mesma reflexão ecoa, por mais uma vez, das influências externas advindas dos *Beats* e dos estudantes franceses de 1968, através do prisma dos ídolos de Angeli, Crumb e Wolinski.

Buscando compreender os campos de ação e principalmente a lógica de *habitus*, conforme apresentada por Bourdieu, entende-se que é nesses pequenos coletivos de ações não organizadas por uma agenda política preestabelecida que encontramos as resistências mais complexas às mudanças do regime. Ao mesmo tempo que se questiona o comportamento, colocam-se em xeque as estruturas de controle dessa sociedade. Portanto, ao serem utilizadas lógicas subversivas de relação, foi possível encontrar novas formas de organização para essa sociedade, as quais questionam não apenas a estrutura anterior, mas também as proposições do porvir, deixando em aberto qualquer tipo de resolução ou composição com a hegemonia anterior. Assim, estamos diante apenas de uma reforma das relações, e não de uma nova composição da sociedade.

A história em si, na realidade, é um manifesto político de apresentação de uma candidatura, praticamente uma propaganda eleitoral com o ritmo televisivo, mas utilizando a linguagem das HQs. Pode ser dividida em três movimentos: contextualização do Bob Cuspe; biografia do personagem; seus efeitos reflexivos. Segue, portanto, em um primeiro momento, um roteiro de campanha eleitoral para, ao final, onde estariam suas propostas, apresentar as provocações de que todo ser humano deve se conflitar com sua consciência, constantemente.[76]

Figura 5 – Quadro recortado da página 13 da 1ª Edição — out/85

Fonte: *Chiclete com Banana* (out. 1985)

---

[76] No presente capítulo não analisaremos cada trecho da edição, mas, caso haja interesse, a análise completa pode ser encontrada na tese *Contracultura na New República: embates contra o Neoliberalismo nas páginas da Chiclete com Banana (1985–1990)* de Iberê Moreno.

No quadro destacado da história, ao se direcionar tanto aos acadêmicos quanto aos políticos, Angeli apresenta que, para ele, esses indivíduos são incapazes de compreender plenamente as demandas sociais reais. É uma crítica que acaba retomando parte das preocupações frente à formação de uma nova constituição. Mesmo os processos democráticos plenos ainda não estando instaurados, o arrefecimento dos controles do regime, iniciados ainda em meados dos anos 1970, já apontavam para um repensar da sociedade brasileira.

Essa ânsia por um país mais livre e equânime, mas de um ponto de vista anarquista, vai ao encontro das movimentações *Punks* e dos *Anarcopunks*, principalmente na cidade de São Paulo, catalisadas no festival "O começo do fim do mundo" realizado em 1982. Organizado por Antonio Bivar, com o apoio de diversas lideranças do movimento *Punk*, a apresentação realizada no recém-inaugurado Sesc Pompeia representa parte dos fluxos socioeconômicos que ocorriam no período: uma periferização do centro e uma criação dos subúrbios de alta classe.

Bob Cuspe, portanto, além de representar muito dos anseios políticos do autor, representa também uma identificação e uma identidade em comum com o público leitor. O próprio autor, como supracitado, passa a se identificar com o movimento *Punk*, assim como o personagem passa a ser um identificador do movimento com o autor. Dessa maneira, encontramos em sua forma plena o processo de midiatização da sociedade, congregando tanto as "mediações comunicacionais da cultura" como as "mediações culturais da comunicação", a partir das leituras de Martín-Barbero.

Esse diálogo se dilata na página seguinte da história-campanha, devido à presença de nomes ilustres, reais e ficcionais, como apoiadores da campanha do personagem. Angeli inclui nessa crítica representantes do próprio movimento *Punk*, seguindo, dessa forma, com o tom de que tudo pode, e deve, ser questionado e ironizado.

A sequência da revista se dá com um dos personagens-autores mais importantes da publicação: Benevides Paixão. O jornalista ficcional funciona como uma válvula de escape das tensões do ambiente das edições, e por isso acaba por congregar diferentes estereótipos que são comumente vinculados aos repórteres e entrevistadores. Seu impacto é reafirmado quando o Centro Acadêmico de Jornalismo da PUC-SP adota o personagem como seu patrono, em uma homenagem que, normalmente, seria guardada para um grande nome da área.

Nessa primeira publicação da Coluna do Paixão, encontramos mais uma apresentação do jornalista e uma demonstração do ódio frente a Paulo Francis. O jornalista carioca acabou se tornando uma espécie de nêmesis do personagem, sobrepondo implicâncias políticas e disputas de ego que de certa forma caminhavam juntas à visão do autor. Ao representar um jornalista aproveitador, criticando um jornalista por ser oportunista e falsamente imparcial, é possível observar que o próprio Angeli se vê como um potencial crítico, em especial sobre posicionamentos políticos.

De forma que não parece ser ao acaso, a história que é apresentada na sequência é justamente sobre a crise existencial de um homem de meia-idade, sentado na beira da sua cama, que termina quando sua esposa manda que ele se masturbe para superar a angústia. É quase uma autocrítica de que a maior parte dos debates apresentados na revista, e das discussões apontadas, na verdade não passam de devaneios do autor, ou seja, estamos diante de um autorrebaixamento.

As páginas seguintes, mantendo a tônica da tira-página[77] de crise existencial, são compostas de listagens de "tipinhos", tratando da imbecilidade humana, de maneira generalizada. Na página 17, encontramos sete caricaturas representando sete tipos de gripes sendo, uma delas, a própria Nova República.

Figura 6 – Quadro recortado da página 18 da 1ª Edição — out/85

Fonte: *Chiclete com Banana* (out. 1985)

---

[77] A escolha pelo termo se dá por ser uma história que ocupa uma página inteira, mas que respeita o ritmo e estilo narrativos das Tiras, pensando piadas em três tempos.

Essa representação torna possível entender que o autor sente grande incômodo com a velocidade na qual estão ocorrendo as mudanças estruturais necessárias para uma nova construção institucional. Aponta com essa fala uma descrença no próprio processo de abertura, mostrando que ela está muito devagar e que não é composta de apenas uma única característica, mas sim que é complexa, o que a torna difícil de superar.

As duas páginas seguintes apresentam, novamente, uma listagem de "tipinhos", mas dessa vez em forma de texto, contendo algumas pequenas caricaturas, entre os textos, como pausas na leitura. Logo no título, "Somos todos idiotas", já retoma a necessidade constante de autorrebaixamento como modo de mostrar que não há, afinal, uma linha única e determinada para os rumos sociais e políticos.

Figura 7 – Recorte da página 20 da 1ª Edição — out/85

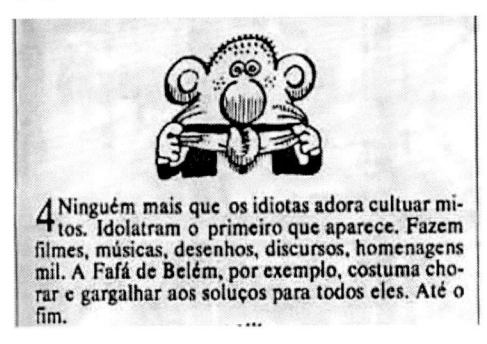

Fonte: *Chiclete com Banana* (out. 1985)

O diálogo das mediações, que se complementa constantemente, aparece aqui de maneira peculiar. Ao mesmo tempo em que critica a cantora Fafá de Belém, que ao longo dos anos de 1980 teve diversas aproximações e atuações frente às mobilizações políticas, ele mostra que não há uma liderança mítica a ser seguida. De uma forma própria, tem uma postura quase preditiva sobre os rumos que a estrutura da Nova República está consolidando.

A revista, nesse quesito, assume um formato muito semelhante aos jornais alternativos, como os ligados aos movimentos políticos, dado que não são encontradas propagandas que não tenham alguma espécie de concordância política. Ao longo da publicação podemos destacar três grandes anunciantes: *O Pasquim*, a Editora Brasiliense e a própria Circo Editorial. A publicação carioca e a editora da família Prado, assim como a

Chiclete com Banana, assumem uma postura política crítica e oposicionista ao governo, logo, vincular suas marcas com uma publicação rebelde como a analisada não afeta a imagem dos anunciantes de forma negativa, o que poderia ocorrer no caso de outras marcas.

Segue-se na mesma edição uma nova seção, que assim como ocorreu com o caso de Bob Cuspe conta com uma página de abertura, mas dessa vez a personagem em destaque é a Rê Bordosa. Há nessa capa um paralelismo muito característico desse estilo de humor mais escrachado e de escárnio, que ao mesmo tempo que valoriza uma certa erudição, apresenta isso como algo incoerente ou descolado da realidade. Se acima da imagem há uma "definição de dicionário" (que é inexistente), existe uma imagem mais clássica da personagem,[78] ou seja, ela em sua banheira, de ressaca, bebendo e reclamando de algo que lhe ocorreu. Trata-se, no caso, do sumiço de sua calcinha e do seu sutiã.

Figura 8 – 1ª Edição, página 21 — out/85

Fonte: *Chiclete com Banana* (out. 1985)

---

[78] A personagem reincidentemente passa por essa cena em suas histórias. Isso é também um recurso artístico, dado que o autor se isenta de pensar um espaço novo ou mesmo inovar em detalhamento, fator apresentado anteriormente e de maneira bem mais radical nos trabalhos de Henfil, que foi um dos mestres diretos de Angeli no aprendizado sobre a linguagem.

O conjunto que é enlaçado por essa abertura contém uma tira-página; uma entrevista com Benevides Paixão e três séries de tiras, sendo uma de página dupla sobre a relação de Rê Bordosa com sua mãe, uma com três tiras com o pai, e duas páginas com seis tiras com seu potencial "macho". Fica disposto quase como um primeiro dossiê da personagem, mostrando as diferentes facetas de Rê e sua construção enquanto "pessoa".

Há um encadeamento editorial entre os trechos que vai além da unidade na personagem, centralizando a seção da publicação em uma genealogia da Rê Bordosa. E isso merece atenção, pelos seguintes aspectos: a primeira tira-página trata de uma conversa entre a personagem e seu psicólogo; na seção que segue, da entrevista com o jornalista ficcional, eles debatem sobre as relações parentais; terminando com quem seria esse "macho" que teria "domado" a personagem rebelde.

O caso desse marido é chamativo, pois, no início das tiras, ela havia acabado de conhecer seu pretendente e, ao final, seu suposto cônjuge acaba sendo sugado pelo ralo e desaparecendo. Ainda coroando a amarração da seção, Rê Bordosa usa do jargão de que ele havia "saído para comprar cigarros" e não havia retornado, gerando uma forte preocupação na personagem. Essa reação poderia soar como um vínculo emotivo, mas, na verdade, o problema é que os cigarros acabaram e ela terá que fumar as "bituquinhas".

Figura 9 – Recorte 1ª Edição, página 31 — out/85

Fonte: *Chiclete com Banana* (out. 1985)

A sequência da revista se dá de maneira debochada, e como aponta o próprio autor:

> Mas eis que, sem uma idéia para preencher esta página, reaparece na memória uma notícia publicada há uns cinco anos, informando haver, não me lembro em qual país civili-

zado, um banco de espermatozóides. São inúmeros frascos congelados, contendo pequenas gotas de grandes homens. (1ª edição, p. 31).

Partindo dessa premissa são listadas, sob um formato textual de "tipinhos", diversas personalidades brasileiras que poderiam contribuir para uma versão nacional desse banco de espermatozoides de figuras de grande renome. Sob o título "Ilustríssimos Sêmens" são feitas piadas sobre políticos e artistas, das diferentes alas, mostrando que todos podem acarretar "efeitos colaterais", mantendo a piada sob a lógica de que todos ali citados teriam suas fraquezas que devem ser atacadas.

A história que segue é breve, mas chama a atenção por representar o uso de drogas como algo incapacitante. *Snif snif, cof cof* conta em dez quadros uma narrativa muito simples, mas que aponta para outras preocupações do autor. Um casal está em um sofá quando a mulher propõe que eles passem para o quarto, mostrando seu interesse em uma relação sexual. Em resposta, o homem pede que espere para que ele possa "dar uma bolinha", ou seja, fumar um cigarro de maconha. Ato contínuo, ele pede que ela espere para que ele cheire uma carreira de cocaína. Essas duas ações se tornam um ciclo vicioso até que ele, de tanto consumir drogas, explode.

Figura 10 – Recorte 1ª Edição, página 33 — out/85

Fonte: *Chiclete com Banana* (out. 1985)

Essa sequência, que pode parecer muito pontual, reflete uma preocupação maior sobre o consumo de drogas. Angeli tem, em diversas edições e histórias, uma postura muito favorável ao consumo de drogas, um traço inclusive característico de movimentos contraculturais que transformam o ato em uma escolha escapista da realidade. O próprio autor, em diversas entrevistas, revela sua relação tanto com a maconha quanto com a cocaína e com o álcool, sempre debatendo sobre seus abusos de consumo.

Logo, a pequena história, que parece não ser tão relevante, já traz um debate de peso e importância, pois foca o problema das drogas em seu abuso, e não em seu consumo. Tanto que a frase final da história mostra como há, na verdade, uma imensa naturalização do consumo de drogas, sendo tratado como algo corriqueiro e cotidiano. Com isso, é possível apontar para as questões comportamentais que são tão caras ao autor, e que de certa forma reforçam sua argumentação de que uma "guerra às drogas", como incentivada pelo governo americano no período, é algo hipócrita, dada a naturalidade com a qual são consumidas.

A revista segue com uma das colunas mais interessantes, não pelo seu conteúdo em si, mas pela sua proposta. Edi Campana, um colunista ficcional, faz relatos de suas observações pelas janelas, reforçando seu nome, e relembrando devaneios ou práticas sexuais que "realmente" haviam ocorrido. Mas, ao contrário do esperado, seus contos são sempre encerrados com desfechos negativos ou puramente cômicos.

A publicação tinha um foco no público jovem masculino, tradicionalmente um nicho visto como grandes consumidores de HQs e, portanto, o autor entende que para poder garantir a compra da revista deve inserir conteúdos pornográficos. Ao invés de terem apenas imagens de mulheres nuas, seguindo os moldes da revista *Mad*, Toninho Mendes opta por fazer uma versão que apresenta, junto às fotos de mulheres nuas sensualizando, contos pornográficos humorísticos.

Após algumas seções de tipinhos e outras tiras, cabe destacar a seção de *Cartas* e a de *Convidados*, com uma publicidade entre as duas. Começando com as cartas, deve-se lembrar que o autor já era famoso por suas publicações no jornal *Folha de S. Paulo*, assim como seus personagens já estavam consolidados e eram conhecidos, e é por essa razão que, na primeira edição, encontramos cartas enviadas para a editora e para Angeli, mesmo antes da revista existir, algo que poderia soar estranho em outras publicações.

Sobre a seção de cartas, ainda é importante ressaltar que esse é um dos espaços de maior aprofundamento do processo de midiatização. Os leitores se sentem contemplados pelo modo como a seção é construída, dado que ela gera essa interlocução única, de proximidade com o autor. Conforme afirma Nadilson Manoel da Silva, no livro *Fantasias e cotidiano nas histórias em quadrinhos*:

> A seção de cartas, nesse tipo de publicação, parecia tentar estabelecer com o público uma relação diferente das encontradas nos quadrinhos tradicionais, revivendo um pouco os ideais da década anterior, em que não haveria propriamente distância entre autores e leitores. A *Chiclete com Banana* alcançou repercussão muito grande entre as tribos urbanas, pelo que pode se inferir da seção de cartas, na qual foi reservado um espaço intitulado *suburbanos* para que tribos se expressassem. (Silva, 2002, p. 28).

Essa afirmação de que a revista tinha uma função quase catártica de grupos contraculturais, atingindo um dos limiares mais complexos da produção artística, pode ser encontrada já na primeira carta da primeira edição. Dado que Angeli publicava suas tiras no jornal, e era de conhecimento público a produção da revista, já existem cartas comentando sobre o trabalho do autor e seu papel enquanto representante de um grupo social silenciado. Cria-se, assim, um tom dialógico e certa cumplicidade entre o autor e seus leitores.

> [Leitor]: Agradeço-lhe pelos seus quadrinhos nos jornais. Têm um sabor de atualidade, de modernidade, enfim, eles sintetizam o inconsciente coletivo da moçada dos centros urbanos. São gostosos como os grandes discos de rock. Nestes tempos onde a esperança é quase nula, é bom rir dos discursos do Meiaoito, da decadência da Rê Bordosa, da picaretagem do Rhalah Rikota e de outros inúteis. No fundo somos nós, vivendo no tédio de um mundo idiota e fracassado. Às vezes, cato um dos teus livros e vou lendo no ônibus enquanto não pinta uma motivação qualquer: um amor, um amigo, uma trepada, um novo filme, um disco... Sou caixa de banco e não sei mais o que fazer. Meus amigos de uma certa forma, estão sem fé nem esperança.
> Bom, teu livro é um tesão. Só mesmo com muito amor, poesia, rock'n'roll e humor a gente segura essa barra. Um abração.

A primeira edição, lançada em outubro de 1985, dialoga com outras publicações de Angeli, como *Bob Cuspe e outros inúteis* (1984) e *Rê Bordosa* (1984), por isso o apontamento do leitor em sua carta. A fala do leitor traz a impressão de que o mercado editorial estava carente de publicações mais contínuas de conteúdos humorísticos vinculados à lógica contracultural, e não mais aos moldes predominantes até então. Essa característica de linha editorial, na busca de um nicho de leitores, é justamente uma das preocupações centrais de Toninho Mendes ao criar a editora Circo.

Por fim, a seção que encerra todas as edições, *Convidados*, surge como uma forma de facilitar a publicação (ao inserir uma história mais longa, prolongando a revista), atrair novos públicos e divulgar outros artistas, até mesmo de outras publicações da própria editora. No caso da primeira edição, há uma história de Luiz Gê, já membro da Circo Editorial e posteriormente o responsável pela revista *Circo*. Narrando uma fantasia de hiper-realismo, o quadrinista apresenta um casal que tem seu carro destroçado por uma das estátuas do Monumento às Bandeiras, de Victor Brecheret.

Considerações finais

Como já dito, Toninho Mendes, taxativamente, afirma nos áudios da entrevista a Gonçalo Júnior: "A circo editorial é a história de uma equipe e de uma época" (*apud* Urizzi, 2019). O estudo da revista nos confirma que ela pode ser considerada um grande ponto de encontro da contracultura dos anos 1980, plasmada na cultura urbana paulistana.

A *Chiclete com Banana* torna-se um espaço através do qual é possível olhar como grupos culturais resistiam e combatiam os últimos suspiros da ditadura, ao mesmo tempo que mobilizavam e já questionavam as escolhas políticas que vinham sendo feitas. É nessa definição que podemos aprofundar a importância da revista, no seu tempo e no tempo hodierno. Para além dos méritos editoriais, a revista pôde congregar mais do que um núcleo central da Circo (Toninho, Angeli, Laerte, Glauco e Luiz Gê), mas ser um ponto de encontro para outros artistas, no sentido mais amplo do termo, envolvendo músicos, xilogravuristas, escritores e dramaturgos, além de outros quadrinistas que não compunham originalmente o grupo, como é o caso de Marcatti.

Essa polifonia, com a presença de tão variados segmentos e manifestações culturais, merece atenção para que se possa perceber que a revista *Chiclete com Banana* se expande por muitos outros espaços artísticos e comportamentais. A presença marcante de Glauco Mattoso, com a coluna *Banana Purgativa*, além dos textos de Roberto Piva, mostram como há na publicação uma preocupação mais ampla do que a produção de um discurso apenas para os grupos *punks*, conforme outras pesquisas apontam.

A proposta da revista dialoga mais com as próprias nuances do seu tempo no sentido artístico e, por isso, os espaços referenciados pelos artistas, nas edições, são espaços também ocupados por outros grupos artísticos, o que acaba refletindo nas próprias narrativas da revista. O uso constante das fotonovelas na publicação é um exemplo dessa conexão, principalmente com o campo da fotografia e do teatro. A *Companhia do Ornitorrinco* aparece diretamente em alguns momentos, como o caso das fotonovelas das peças *Ubu* e *Teledeum*. Além disso, também seus atores aparecem em outras fotonovelas e fotografias publicadas na revista, o que confirma essa interação e integração.

Tais movimentos, em sua proposta editorial, eram inspirados pelo entrecruzamento dos intelectuais e dos artistas com o humor, mas de uma forma mais anárquica do que já era visto em revistas como *O Pasquim*. Da mesma forma que estavam menos determinados pela politização do discurso, se comparados à proposta da revista carioca, eles pareciam mais influenciados pelo humor juvenil e brincalhão da revista *Mad*. Isso só foi gestado pelo peso que HQs americanas e francesas tomaram, somado à escassez de espaços de publicação independente e livre naquele quadrante histórico da política brasileira.

Essa característica editorial é fruto, principalmente, da mentalidade progressista e questionadora de Toninho Mendes. Por mais que Angeli fosse o responsável por grande parte da revista, a força motriz, que garantiu suas 24 edições, foi Toninho. Pode-se perceber isso, pois, mesmo após a falência da Circo, o editor seguiu atuando na área, tendo aberto outras editoras, como a Peixe Grande, que se propunha a publicar o impublicável, como as catequeses[79] americanas de Crumb e companhia. O papel do editor se concretiza em ser o combustível dessas publicações, que precisavam de alguém que se dispusesse a editorar e arcar com os riscos, assim como negociar as distribuições.

Assim como as revistas da editora, em sua totalidade, tinham uma independência e identidade muito fortes, a própria Circo tinha como responsável um indivíduo que seguia o espírito originário das *comix* americanas. Se a *Zap Comix* e a *Freak Brothers* eram feitas e distribuídas de modo amador, visando impactar mais diretamente os interessados,

---

[79] No mercado editorial de quadrinhos as chamadas "catequeses" ou em inglês "Tijuana Bibles" são produções pornográficas e eróticas de pequenos fanzines que tradicionalmente tinham um tamanho reduzido para poderem ser escondidos em bolsos. Foram de extremo sucesso até o surgimento das revistas pornográficas com foto e posteriormente com a consolidação do mercado audiovisual do pornô, como analisa Gonçalo Júnior em suas obras.

a Circo assume um papel de grande conexão em todo o solo brasileiro, permitindo que as revistas chegassem, de fato, ao máximo possível de localidades, superando o papel fanzinesco que as *comix* carregavam.

Dessa feita, identifica-se na revista um fio condutor de debates nacionais, mesmo que de um ponto de vista paulistano. Superando assim o entendimento do processo de redemocratização enquanto momento positivo e tornando a leitura sobre o período em matizes mais complexas, contemplando e apontando as acomodações que foram permitidas, e as não rupturas necessárias para a superação real das condições de opressão. Espera-se com este capítulo, além de apresentar uma análise de uma obra da contracultura, que possamos provocar um questionamento sobre o senso comum acerca do processo de redemocratização brasileira.

Referências

BARROS, Laan Mendes de. Imagem e reconhecimento: experiência estética, identidade, alteridade. *In*: DRIGO, Maria Ogécia; SOUZA, Luciana Coutinho Pagliarini de; BARROS, Laan Mendes de (org.). *Imagem e conhecimento*: que relação é essa, afinal? 1. ed., v. 1. Jundiaí: Paco Editorial, 2017, p. 119-138.

BIVAR, Antonio. *Punk*. São Paulo: Edições Barbatana, 2018.

BOURDIEU, Pierre. *O poder simbólico*. Tradução de Fernando Tomaz. Rio de Janeiro: Bertrand Brasil, 1989.

CANCLINI, Néstor García. *Culturas híbridas*: estratégias para entrar e sair da modernidade. 4. ed. São Paulo: Edusp, 2008.

CERTEAU, Michel de. *A invenção do cotidiano*: 1. Artes de fazer. 20. ed. Tradução de Ephraim Ferreira Alves. Petrópolis: Vozes, 2013. 316 p.

CHARTIER, Roger. *A história cultural*: entre práticas e representações. Algés, Portugal: Difel, 2002.

LUNA, Fernando. *Angeli*. 2010. Disponível em: https://revistatrip.uol.com.br/trip/angeli. Acesso em: 19 jan. 2022.

SANTOS, Rodrigo Otávio dos. *Rock e quadrinhos nas páginas da revista Chiclete com Banana (1985-1990)*. Tese de doutorado. Programa de Pós-Graduação em História, Universidade Federal do Paraná. Curitiba: UFPR, 2018. Disponível em: https://repositorio.uninter.com/handle/1/367. Acesso em: 10 dez. 2021.

SÃO PAULO MEU HUMOR. Direção de Pedro Urizzi. Produção de Paulo Roberto Schmidt. Roteiro: Ana Duraes, Maria Clara Fernandez, Pedro Urizzi, Vitor Rzepian. Roteiro final: João Paulo Cuenca. São Paulo: Academia de Cinema, 2019. Son., color. Legendado. Série 1 Temporada.

SILVA, Nadilson Manuel da. *Fantasias e cotidiano das histórias em quadrinhos*. São Paulo: Annablume, 2002.

SOBRE OS AUTORES

Alberto Luiz Schneider realizou pesquisa de pós-doutorado no Departamento de História da UFF (2022-2023) e USP (2011-2012) e no King's College London (2008). Doutor em História pela Unicamp, mestre em História pela PUC-SP, graduado pela UFPR. É atualmente professor do Departamento de História da PUC-SP, onde é membro e vice-coordenador do Programa de Pós-Graduação em História. É autor de *Capítulos de história intelectual: racismo, identidades e alteridades na reflexão sobre o Brasil* (Alameda, 2019).
Orcid: 0000-0002-7308-2524

Amilcar Torrão Filho é doutor e mestre em História pela Unicamp, com estágio sanduíche na *École des Hautes Études en Sciences Sociales*, em Paris, graduado em História pela USP. Professor do Departamento de História da PUC-SP e coordenador do Programa de Pós-Graduação da mesma universidade no biênio 2023-2025. Realizou vários estágios pós-doutorais na *Universidad Politécnica de Cataluña* e *Universidad de Barcelona*. Líder do grupo de pesquisa Núcleo de Estudos da Alteridade (NEA).
Orcid: 0000-0003-0913-6118

Breno Ampáro é doutor em História pelo Programa de História da PUC-SP, mestre em História Social pela PUC-SP, especialista (lato sensu) em História, Sociedade e Cultura pela PUC-SP. Pesquisa História; Música; Cultura; Relações de trabalho no campo musical; História do Brasil e Música brasileira. Membro do grupo Pensamento Brasileiro (Arte, Literatura, História e Ciências Sociais — PUC-SP). Membro do Grupo de Estudos em Cultura, Trabalho e Educação (Geculte-UFF/RJ) vinculado à área temática Mundo do Trabalho, Música e Cultura no Capitalismo Tardio. Autor do livro *A construção da brasilidade: apontamentos histórico-musicais na trajetória e obra de Mário de Andrade*.
Orcid: 0000-0003-0202-0729

Carla Reis Longhi é pós-doutora em Comunicação Social pela Universidade Complutense de Madrid, doutora em História Social pela Universidade de São Paulo (USP). Pesquisadora Pq. Atualmente é diretora da Faculdade de Ciências Sociais e professora concursada do PEPG em História da Pontifícia Universidade Católica de São Paulo. Atua nas áreas de História e Comunicação, destacando suas interfaces. Realiza pesquisas em História do Brasil República, com ênfase nos estudos de cultura, cultura política e lógicas autoritárias.

Email: clonghi@pucsp.br

Orcid: 0000-0003-2937-8982

Gabriel Kenzo Soeda é mestre em História pela PUC-SP e graduado em História (Licenciatura) pela mesma instituição, tendo sido em ambos orientado pelo Prof. Dr. Alberto Luiz Schneider. Realiza estudos sobre a obra de Euclides da Cunha, tendo recentemente publicado a dissertação *A denúncia de Euclides da Cunha: compreendendo Os sertões através do projeto de nação republicana (1888-1902)*.

Orcid: 0009-0003-1669-1774

Gilberto de Souza Marques é doutor em Desenvolvimento, Agricultura e Sociedade pela Universidade Federal Rural do Rio de Janeiro, graduado em Ciências Econômicas pela Universidade Federal do Pará (UFPA). É professor da Faculdade de Economia e membro do corpo docente do Programa de Pós-Graduação em Economia da UFPA. Coordenou a equipe de investigação da Paranapanema S/A Mineração, Indústria e Comércio no Projeto "Responsabilidade de Empresas por Violações de Direitos durante a Ditadura Militar", do Centro de Antropologia e Arqueologia Forense da Universidade Estadual de São Paulo (Caaf-Unifesp). É autor do livro *Amazônia: riqueza, degradação e saque* (Expressão Popular, 2019).

Orcid: 0000-0003-0400-1337

Iberê Moreno Rosário e Barros é doutor em História pela PUC-SP (2022), mestre em Comunicação Social pela Universidade Metodista de São Paulo (2014), mestre em História pela PUC-SP (2014), graduado em Relações Internacionais pela PUC-SP (2012). É membro fundador da Rede de Estudos de Estados Unidos e membro fundador dos Quadrinheiros, blog sobre cultura pop e quadrinhos criado em 2011. Atua como professor de História e de Relações Internacionais, nos cursos de Relações Internacionais, Negócios e Comunicação, na Universidade Anhembi Morumbi.

Tem interesse nas áreas de História, Política e Relações Internacionais, com foco nas questões de Cultura, tendo como fonte e objeto de estudos a cultura pop.

Orcid: 0009-0009-0908-2923

Joyce de Freitas Ramos é doutoranda em História pela PUC-SP, com pesquisa financiada pelo CNPq, mestra em História pela PUC-SP (2017), com pesquisa financiada pelo CNPq, bacharela e licenciada em História pela mesma instituição (2014). Realizou pesquisa de Iniciação Científica, financiada pelo Pibic-Cepe, finalizada no ano de 2014. Suas especializações perpassam os campos da História Moderna e Medieval Europeia, História e Religião, História e Gênero, História e Literatura, Literatura e História Arturianas. É, atualmente, uma das principais historiadoras especialistas em Santa Teresa de Ávila no Brasil.

Orcid: 0009-0006-2622-723X

Maria Izilda Santos de Matos possui Livre Docência pela PUC-SP (2016), é pós-doutora pela Université Lumiere Lyon 2, França (1997), doutora pela USP (1991), graduada pela USP (1978), em História. Professora titular da PUC-SP (1997) e professora convidada da Universidade Ca' Foscari, Itália (2023). Pesquisadora 1 A do CNPq. Tem experiência na área de História, atuando nos seguintes temas: imigração, associativismo, história das mulheres e gênero, história das emoções.

Lattes: http://lattes.cnpq.br/3818957885297532
Orcid: 0000-0002-4109-3747

Olga Brites é doutora em História Social pela PUC-SP, onde é docente do curso de História e do Programa de Estudos Pós-Graduados em História. Publicou recentemente como co-organizadora *Mulheres que interpretam o Brasil* (Editora Contracorrente, 2023).

Orcid: 0000-0001-9180-8619

Rodolfo Costa Machado é doutor e mestre em História, bacharel em Direito, pela PUC-SP; licenciado em História pela Universidade de São Paulo. Pesquisador-visitante na Columbia University de Nova Iorque (Fulbright-Brasil). Integrou a Comissão Nacional da Verdade. Na PUC-SP, é professor da Educação Continuada e coordenador do Núcleo de Estudos de História: Trabalho, Ideologia e Poder (Nehtipo). Integrou o Projeto "Responsabilidade de Empresas por Violações de Direitos durante a Ditadura", do Caaf-Unifesp; e assessora os Ministérios Público Federal e do Trabalho em inquérito que apura violações de direitos dos povos indígenas cometidas durante a ditadura.

Orcid: 0009-0004-8639-3550

Samara Chiaperini de Lima é mestranda em História pela PUC-SP, bacharela em História pela PUC-SP). Realizou Iniciação Científica intitulada "Mário de Andrade viajante (1927-1929): ao encontro da brasilidade", no período de 2020-2021. É membro do Grupo de Pesquisa Pensamento Brasileiro — Arte, Literatura, História, Ciências Sociais (PUC-SP).

Orcid: 0000-0002-3171-6947

Thaís Teixeira Dias Brambilla é doutora pela PUC-SP (2024) (bolsista Capes), mestra pela PUC-SP (2016) (bolsista CNPq), graduada pela PUC-SP (2013), IC pela PUC-SP (2011-2012) (bolsista CNPq). Professora do Ensino Médio. Tem experiência na área de História, com ênfase em História do Brasil, temáticas da imigração e patrimônio.

Lattes: http://lattes.cnpq.br/3677144103272746
Orcid: 0000-0001-7023-2470

Vitor Arzani Martins é mestre em História Social pela PUC-SP. Professor da rede particular de ensino. Autor de *Brasil: narrativa e golpe* (Editora Dialética, 2021).

Orcid: 0000-0002-4095-8518